春秋战国诸子百家财富观研究

刘涛 著

贵州出版集团
贵州人民出版社

目 录

绪 论　　/001

第一章　春秋战国诸子百家与财富观　　/003
　一、先秦诸子百家思想的演变历程　　/004
　二、诸子百家财富观争鸣的原因分析　　/015

第二章　春秋战国时期儒家财富观　　/025
　一、强调取之有道　　/026
　二、提出富而教之　　/034
　三、主张贫富有差　　/044

第三章　春秋战国时期道家财富观　　/052
　一、强调"知足"与"寡欲"　　/053
　二、经济上主张"无为而治"　　/058
　三、主张"逍遥"与"至乐"　　/063

第四章　春秋战国时期法家财富观 /069
　　一、主张国富先于民富 /070
　　二、强调农业为国强之根本 /074
　　三、主张"弱民"与重税政策 /079

第五章　春秋战国时期墨家财富观 /084
　　一、强调"尚贤节用"的理念 /085
　　二、强调财富的来源是劳动生产 /089
　　三、强调不同领域的社会分工 /094

第六章　春秋战国时期农家财富观 /099
　　一、将农业视为社会财富的根本来源 /099
　　二、主张"贤者与民并耕而食" /104
　　三、提出"市贾不二"的价格论 /110

第七章　诸子百家财富观的时代价值 /115
　　一、理论价值 /115
　　二、文化价值 /120
　　三、实践价值 /124

参考文献 /130
后　记 /151

绪　论

财富观是指人们对财富价值的认识观，是价值观的重要组成部分。财富观的核心是如何看待和驾驭"利"，具体涉及对财富的正确理解、财富的获取方式、财富的使用和分配、财富的积累与消费，以及如何规避财富风险等。在现代人对财富的理解中，财富不仅仅是指金钱或物质的积累，更包括精神财富和社会财富的积累。它涵盖了不动产、股票、期货、保险、商标、声誉，甚至是机会成本等更广泛的概念。总的来说，财富观是一个复杂而多维的概念，它不仅涉及个人对财富的认识和态度，还与社会价值观、道德观念、文化传统等密切相关。

作为中国古代思想宝库的重要组成部分，春秋战国诸子百家的财富观具有深远的研究意义。从理论层面来看，春秋战国时期是中国古代经济思想形成和发展的重要阶段。诸子百家的财富观，如儒家的富民思想、墨家的节用利民思想等，为后世提供了丰富的思想资源，有助于我们更全面地理解和把握中国古代经济思想的发展脉络。同时，财富观是传统文化的一个重要方面，它反映了当时社会的经济、政治和文化状况。研究春秋战国诸子百家的财富观，有助于我们更深入地了解中国传统文化中的经济伦理、价值观念和社会理想。从实践层面来看，春秋战国诸子百家的财富观强调了财富分配的公平性和合理性。比如，孔子的"有国有家者不患寡而患不均，不患贫而患不安"的思想，对现代社会解决贫富差距、促进社会和谐具有重要的指导意义。诸子百家的财富观还蕴含了丰富的道德伦理思想。比如，孟子的"先义后利"思想强调了道义在追求财富的过程中的重要性。这些思想对提升现代社会的道德水平、规范人们的行为具有重要的启示作用。本书聚焦于春秋战国时期儒家、道家、法家、墨家和农家的财富观，归纳总结了诸子百家在财富观方面的经典论述，围绕其理论释义、文化影响和实践启示等方面进行研究、挖掘，以期为新时代构建积极健康的财富观念体系提供理论支持与实践指导。

第一章　春秋战国诸子百家与财富观

春秋战国时期是中华文明发展史上的一个重要阶段，出现了儒、墨、道、法、农、名、阴阳等诸子百家，他们各自提出了独特的哲学、政治、经济、文化等观点，形成了中国历史上第一个思想解放和文化繁荣的局面。其中，诸子百家的财富观不仅是对当时社会经济、政治和文化现象的深刻反映和独到见解的集合体，更为现代社会的经济建设和财富观念产生提供了宝贵的文化借鉴和丰富的思想资源。这些观念在历史的长河中熠熠生辉，成为中华民族优秀传统文化的重要组成部分。总体而言，诸子百家的财富观各有侧重、和而不同，其形成与其所处的社会背景、当政者的政治理想、思想体系以及社会阶层等密切相关。

一、先秦诸子百家思想的演变历程

春秋战国时期,随着"学在官府"局面的打破,私学逐渐兴起,产生了许多学者,形成了众多思想流派。这些学者或思想家纷纷著书立说,广收门徒,形成了百家争鸣的局面。在对财富的认知和追求层面,各学术团体并非附庸政治权势,而是根据自身代表的阶层利益,提出了反映学派背景和社会理想的财富思想主张,共同促成了春秋战国时期关于财富观的百家争鸣的局面。

(一)春秋时期:诸子百家思想的产生

春秋时期是诸子百家思想萌芽和初步形成的时期,虽然主要的学术争鸣和流派分化更多地发生在战国时期,但春秋时期已经为诸子百家争鸣局面的产生奠定了基础。在春秋时期,我们已经可以看到儒家、道家、法家、墨家等学派的前身或初步形态。

儒家学派诞生在鲁国,创立者是孔子。鲁国是周朝的一个重要诸侯国,由周公旦的长子伯禽建立,与周王室同为姬姓,关系极为亲近。在周代的众多邦国中,鲁国被视为姬姓的"宗邦"和诸侯的"望国",这种特殊的地位使得鲁国在礼乐制度的传承上承担了重要的责任。在春秋战国时期,虽然天下纷争不断，但鲁国由于地理位置相对偏远，且国力相对较弱，较少受到大规模战乱的波及。这使得鲁国能够较为完整地保存下周礼乐制度的典籍和仪式。在孔子的时代，礼崩乐坏的现象已经十分严重，王权衰微，诸侯争霸，西周确立的等级制度被破坏殆尽。作为宋国贵族后代的孔子，生长于鲁国，从小受到周公之道的熏陶，立志要成为第二个周公，恢复周礼。他是中国最早开始讲学的人物之一，他的思想被弟子继承，成为儒家学派的开创者。孔子向往原始社会末期、尧舜时代的"大同"，因为那时候比较民主、公平。但是历史无法逆转，因而他又推崇夏、商、周的"小康"，也就是王道、礼制时代，特别是周代。他主张恢复周代的礼乐制度，维护贵族的利益；同时发扬民本、德治的优良传统，反对苛政暴政，以缓和社会矛盾。但是孔子的这些主张已经和春秋时代的社会不相适应，各国需要的是富国强兵以称霸，因而孔子的这些主张并未被诸侯接受。

　　道家思想诞生于春秋末期，第一个确立道家学说的是老子。老子是周王室的藏室之官，因而十分博学。老子为陈国人，接近楚国，属于南方文化区。根据《左传》和《孔子列传》，楚国和陈国等南方国家是道家思想产生的源头。南方地区巫术盛行，浪漫绚丽，人们流连于自然，孔子在南游的过程中就多次遇到"隐者""渔父"等"消极遁世"的人物。他们对中原的礼乐文明表示怀疑，主张回归自然，返璞归真。老子对中原繁杂的礼仪制度十分反感，他向往"小国寡民"的社会状态，也就是原始的村落状态，没有剥削压迫，大家和睦相处。这种状态在楚国保存较好。同时，他反对国家对平民的剥削和压迫，提倡"无为而治"。"无为而治"也是原始社会的氏族社会"帝力于我何有哉"的状态。老子是中国比较早探讨哲学的人，他专注地探讨了"道"的问题。他认为"道"不仅是世界万物的规则，还是万物的来源；同时认为，人类应当顺应"道"，也就是顺应自然，清静无为。老子的《道德经》中充满了辩证法的哲学思维，认为万物都有阴阳两方面的属性，表现为大小、长短、冷暖、高低、福祸、得失、生死等等，而阴阳两方面可以相互转化，因此没必要把生死名利看得太重，一切应当顺应自然。

春秋时期，法家、墨家、军事家的主要思想也逐步萌芽或者日渐形成。春秋时期的法家并未成为一个流派，还处于思想的起步阶段。法家思想的源头可以追溯到春秋时期的管仲、子产等人，他们虽未明确提出法家之名，但已具备法家思想的雏形。他们在齐国、郑国等地实行按亩收税，破坏了过去的井田制。同时，晋国、郑国等纷纷颁布成文法，动摇了贵族世代"礼不下庶人，刑不上大夫"的准则。墨家由战国初期的墨翟所创，但其思想可以溯源到春秋时期的一些社会思潮。其中，儒家思想对墨家的影响不可忽视，因为墨子早年曾受业于儒家，后来虽然脱离儒家自立门户，但儒家的某些思想观点仍对墨子产生了深远影响。春秋时期的重民思潮、保民观念等也为墨家"兼爱""非攻"等思想的形成提供了社会背景。军事家主要产生于春秋时期的齐国。齐国是姜太公所封之国，姜太公是西周最有名的军事家，而姜太公的军事思想无疑对齐国产生了重要的影响。在春秋战国时期，齐国还出现了孙武、田穰苴、孙膑等军事家。除了上述几个主要学派外，春秋时期还孕育了其他一些学派的思想萌芽，如阴阳家、名家等。这些学派在战国时期得到了进一步发展和完善。

（二）战国中前期：诸子百家思想的争鸣

春秋时期，诸子百家的初步形态已经产生，"百家争鸣"局面则主要在战国时期形成。453年，韩、赵、魏三家完成了对晋国的瓜分，中华文明进入了战国时期。战国时期，各学派纷纷著书立说，广泛传播自己的思想主张，塑造了中国历史上思想文化最为繁荣的时期之一。

春秋战国时期，墨家与儒家并称为"显学"，对当时的社会产生了深远的影响。墨家起源于周代后期的游侠阶层，他们反对传统典制和对它加以粉饰的儒家思想。墨子本名墨翟，是春秋末期宋国人，是宋国贵族目夷的后代，但是到他这一代，已经彻底没落。墨子曾经做过农民、工匠，这些社会经历使得他十分重视平民的利益，传统认为他是平民阶级代言人。墨子的思想和宋国有很大关系，宋国是商朝后代的封国，遗留了大量的殷商文化，如商朝人的"天命观""尊天事鬼"等观念，深深影响了墨翟，因而墨翟是十分相信天命、鬼神的。墨子对儒家那种维护贵族利益的"尊尊亲亲"的观念十分反感，他从平民的角度提出"兼爱"的概念，也就是不要以社会等级为人际关系的标准，而应该"爱无差等"。同时，他反对过去那种世卿世禄的贵族政治垄断，提出了"尚贤"的主张，这和春秋战国的时代趋势相吻合。另外，墨翟还反对儒家的礼乐制度，提出了"节葬""节用"的社会观念。墨子在几何学领域有着突出的贡献。他提出了许多几何学概念和定理，如"圆，一中同长也"等，为后世几何学的发展奠定了基础。墨子在物理学方面也有重要的研究成果。他通过实验和观察，揭示了光沿直线传播、小孔成像等物理现象和规律。墨子还是一位杰出的军事家。他提出了许多军事防御战术和工具的设计构想，如《备城门》等篇章中涉及的军事防御策略和技术手段。同时，墨子十分反对战争，尤其抵制非正义的战争。墨家学派在墨子去世后分裂为相里氏之墨、相夫氏之墨和邓陵氏之墨三个主要流派。这些流派在传承和发展墨家思想的同时，形成了各自独特的学术风格和特点。墨子去世之后，墨家在逻辑学方面取得了一定的成就。后期，墨家以辩为核心，提出了名、辞、说三种基本思维形式和由故、理、类三物构成的逻辑推理。虽然经过历史的变迁，《墨子》一书的部分篇章已经散失，但现存的53篇内容仍然涵盖了墨家的核心思想和学术成果。

春秋战国时期，农家作为一个重要的学派逐渐兴起并发展，其创立与发展过程、代表人物及其作品等具有鲜明的特点。农家的创立并非偶然，而是与当时的社会背景密切相关。春秋战国时期，社会经历了大变革，阶级关系发生了很大的变动，农民阶层逐渐崛起，反映其利益的思想学说也应运而生。农家学派以农业为本，强调农业在国家经济中的基础地位，其学说对后世产生了深远的影响。作为农家代表人物的许行生活在战国时期，与孟子同时代。他依托远古神农氏之言来宣传其主张，是农家学派的重要奠基人之一。许行的主张对当时的社会有广泛的影响，甚至吸引了儒家门徒陈相及其弟陈辛转投其门下。他主张贤者与民并耕而食，提倡平等劳动和物物等量交换，反映了农家学派的社会政治理念。历史记载中并未明确提及其有流传下来的专著，然而，农家的思想主张和农业生产技术等方面的内容，在《吕氏春秋》等古籍中有所体现。特别是《吕氏春秋》中的《上农》《任地》《辩土》《审时》等篇章，它们被认为是研究先秦农家学派的重要资料，详细记录了当时的农业生产技术、耕作方法、农事管理等，对后世的农业经验和技术传承起到了积极的作用。

作为儒家学派在战国时期的重要代表人物，孟子继承并进一步发展了孔子的思想。但是作为鲁国贵族孟孙氏的后裔，孟子对礼制已经不再刻意强调，他只是提出了"法先王"。孟子进一步发展了孔子的"仁爱"思想，提出了更为具体的"仁政"学说。他主张君主应以民为本，关心民众疾苦，实施仁政以赢得民众的拥护。孟子继承了孔子关于人性的一些基本看法，并在此基础上提出了自己的"性善论"。他认为人性本善，这种善性可以通过教育和修养得到发扬和光大。这与孔子强调人的内在道德修养是一致的。孟子同样重视教育的作用，认为通过教育可以改善人性，培养人的道德品质。他提出了"得天下英才而教育之"的观点，与孔子"有教无类"的教育思想相呼应。孟子在孔子的基础上进一步阐述了儒家的政治理想和社会理想。他提出了"民贵君轻"的观点，强调民众在国家政治生活中的重要地位；同时，他也关注社会公正和正义，提出了"杀一无罪非仁也"等道德原则。

法家产生于战国时期贵族政治向郡县官僚制演化的背景之下。为了反对传统的"礼治",法家提出"法治"。随着战国时期社会矛盾的加剧和各国对富国强兵的需求的日益迫切,法家思想逐渐走向成熟。慎到、申不害等人分别提出了"势治"和"术治"的理论,进一步丰富了法家思想的内容。战国时期,商鞅提出的变法措施深刻改变了秦国,为秦国的强盛奠定了基础。商鞅的变法思想体现了法家以法治国、重农抑商等主张。作为韩国法家的重要代表人物,申不害强调术治的重要性,即君主应掌握政治权术,以驾驭群臣和治理国家。申不害的术治思想对韩国政治产生了一定影响。而作为势治派的代表人物,慎到主张君主应扩大威权,使法令得以顺利执行。慎到的势治思想对法家思想的发展也做出了重要贡献。

春秋战国时期,成文法公布,刑法的作用显得十分重要,社会需要一些解释刑法的人员,也就是名家。名家类似西方的智者学派,起于掌管刑法的理官。他们在论辩中比较注重分析名词与概念的异同,重视名与实的关系,使逻辑思维得以萌芽,但是他们的逻辑观念还比较原始,甚至陷入了诡辩的逻辑困境。该时期的名家代表人物有公孙龙,他提出了"白马非马"和"坚白石二"的诡辩论点;还有魏国的惠施,他提出"合同异"的理论,还提出过"鸡三足""火不热""矩不方,规不可以为圆""白狗黑"等诡辩论。

(三)战国末期:诸子百家思想的合流

从战国末期到秦汉,国家由分裂走向了统一,当时的学术活动也在政府的作用下相互融合。商鞅变法之后,法家思想成为秦国的官方哲学。随着兼并战争的不断扩大,法家思想的影响力也不断增强,秦国成为法家学派的集中地。荀子的两位弟子——韩非子和李斯都曾在秦国活动,韩非子虽然客死秦国,其思想却成为秦始皇建立专制主义中央集权制度的理论基础。战国末期,作为法家思想的集大成者,韩非子将商鞅的"法"、申不害的"术"、慎到的"势"三者融合,形成了完整的法家思想体系。他主张君主应掌握生杀赏罚的大权,运用各种手段清除世袭贵族势力,加强中央集权。韩非子的思想被秦始皇采纳,为秦朝的统一和巩固提供了重要的思想武器。《韩非子》一书集韩非子的主要思想于一体,尤其是《孤愤》《五蠹》等篇章,对后世产生了深远影响。战国末期,法家思想在韩非子等人的努力下到达了高峰,形成了完整的理论体系。

到了战国末期,为了适应时代的需要,儒家也开始融合其他学派的思想。荀子是儒家在战国末期的杰出代表,他提出了"性恶论",与孟子的"性善论"相对立。荀子认为人性本恶,但通过后天的学习和礼法的约束,人可以成为有道德的人。荀子在强调礼法的同时,注重法治的作用,他认为礼法和法治是相辅相成的,共同维护社会的稳定和秩序。作为战国末期的赵国人,荀子三次出任齐国稷下学宫的祭酒,后为楚兰陵令,还到过秦国,因而他对诸子百家的思想都比较了解,能够吸收其他学派的优点。荀子主要吸收了法家学派的"法治"观念,用来改进儒家的"礼制"。西周奉行"礼不下庶人,刑不上大夫"的刑法准则。战国以来,法家思想推动社会变革,法治基本在各国建立,群臣和庶民都以法而治,这种时代潮流显然不可逆转。荀子也主张应当顺应时代潮流,实行"法后王",实行"王霸兼用""礼法并治"。他同意法家人性本恶的观点,提出先用礼仪教化人,后用刑法来约束人。

春秋战国时代,阴阳五行的观念盛行,但是主要被用于解释自然。到了战国后期,为了迎合统治者的需求,一些阴阳之士就以阴阳学说来迷惑君主,而君主也试图借助阴阳学说的迷信观念来加强对人民的思想控制。阴阳学说来源于《周易》中的阴阳观念,道家十分重视对阴阳的研究,但是道家并不研究五行。田氏代齐后,将老子的道家学说作为官方学说,齐国的方术之士就将阴阳观念和五行学说结合，形成了比较原始的"阴阳五行说"。驺衍还提出了关于"天人感应"的思想，认为政权的建立是天的意志，并将五行学说推广到政治领域，提出"五德终始"学说。

田氏代齐后，在齐国开创了稷下学宫，吸引诸子百家在此讲学，形成了百家争鸣、百家融合的新局面。在这样的情况下，原来讲究自然而然的道家学派开始吸收法家的法治和权术理论，形成了一个具有战斗力的黄老学派。该学派在战国末期影响力巨大。该学派的代表作《管子》一书正是稷下学宫的黄老学者托名管仲而写的书，主要是对齐国治国经验的总结，并且以黄老学派的思想为主，还包含了儒家的仁、义、礼、智和法家的法治思想，可以说是治国方面书籍的精华。该书是在秦国丞相吕不韦的主持下，集合门客们编撰的一部名著，成书于秦始皇统一中国前夕。此书以儒家学说为主干，以道家理论为基础，以名、法、墨、农、兵、阴阳家思想学说为素材，熔诸子百家学说于一炉，闪烁着博大精深的智慧之光。

二、诸子百家财富观争鸣的原因分析

要了解诸子百家财富观的形成、演变，就必须将目光移回那个大动荡、大变革的时期。春秋战国时期，随着井田制的瓦解和土地私有制的兴起，商品经济开始发展，人们对财富的追求和认知逐渐加深。诸侯争霸，政治变革不断，各国为了富国强兵纷纷寻求治国之道，这也促使诸子百家从不同角度探讨财富与国家兴衰的关系。私学的兴起和学术的繁荣为诸子百家提供了自由表达思想的空间，使得诸子百家的财富观念呈现出多元化的特点，既有对传统财富观的继承和发展，也有对新兴经济现象的深刻反思和独到见解。

（一）土地私有制逐渐兴起

"不同历史时期对财富问题的分析手段，既受限于当时生产力发展水平，又取决于社会发展的需要。"

恩格斯在《家庭、私有制和国家的起源》一文中系统论述了家庭、私有制、阶级和国家起源。氏族公社时期的三次社会大分工是人类社会发展的重要里程碑。它们分别代表了生产力的发展和社会分工的细化，推动了私有制和商品经济的产生。在氏族社会的低级阶段，由于生产力水平低下，人们共同劳动，共享劳动成果，实行公有制。原始社会后期，畜牧业同农业分离，即"游牧部落从其余的野蛮人群中分离出来——这是第一次社会大分工"。畜牧业逐渐成为独立的生产部门，交换从偶然变成经常，牲畜成为一般等价物。部落间的产品交换，为私有制的产生创造了物质前提，商品也在第一次社会大分工中出现。第二次社会大分工是原始手工业和农业的分离，发生于原始社会末期。随着农业和畜牧业的发展，人们开始有更多的剩余时间和精力来从事手工业生产，手工业逐渐成为独立的生产部门。这次社会大分工促进了劳动生产率的进一步提高，促使私有制形成。商品经济最早产生于第二次社会大分工。同时，手工业的出现推动了商品生产的出现和发展，金属货币产生了，贸易范围不断扩大，新的社会分工又进一步拉大社会成员的差别，贫富差距加大，不仅战俘奴隶在生产中被普遍使用，还有大量破产的平民成为债务奴隶，奴隶生产制度建立起来了。进入奴隶社会初期，又发生了第三次社会大分工。随着商品交换的不断发展，一些专门从事商品交换的人逐渐从生产领域中脱离出来，形成了商人阶层。他们不从事生产活动，而是开始积累商业资本，脑力劳动开始从体力劳动中分离出来。社会财富迅速向少部分人手中集中，阶级分裂从生产领域向流通领域蔓延，金属货币、高利贷、土地私有化迅猛发展。随之，以私有制为基础的阶级社会，取代了以血缘亲属关系为基础的氏族社会，原始社会的基础彻底瓦解。马克思主义经典作家认为，劳动分工的细化和交换的发展进一步促进了私有制的普遍化。人们开始根据各自的专长进行生产，并通过交换获取自己所需的物品。这种交换关系的确立使得私有财产得以流通和巩固。

根据考古学的划分，原始社会是指人类社会的最初阶段，以氏族为基本单位，以血缘关系为纽带，以部落为组织形式，以原始公社为社会制度，以原始共产主义为经济形式。奴隶社会初期则是人类社会的第二个阶段，以国家为基本单位，以领土为范围，以王权为中心，以奴隶制为社会制度，以私有制为经济形式。在中国的原始社会，土地归氏族公社所有，氏族成员共同劳动，共同享用劳动成果。在这一时期，先民的耕作方法是刀耕火种，主要的生产工具有石刀、石斧、耒耜。到了商周时期，奴隶主贵族推行井田制，即所谓"溥天之下，莫非王土；率土之滨，莫非王臣"。先民开始少量使用青铜农具，懂得灌溉、除草、沤制绿肥、治虫等技术。到了春秋战国时期，中国的奴隶社会向封建社会过渡，中华文明进入铁器时代，生产力提高，井田制逐渐瓦解。在这个时期，铁犁和牛耕是主要耕作方式，掀起农业技术史上关于耕作方式的一场革命。铁农具的广泛使用和牛耕技术的推广使更多的土地得到了开垦和利用。生产力的提升为土地私有制的兴起提供了物质基础，土地能够成为个人私有财产并得到法律保护。当时，百姓大量开垦私田，而这些私田的收入全部匿于百姓手中，导致国家收入下降。于是，各国先后推行土地改革以承认土地私有。随着井田制的瓦解和土地私有制的兴起，商品经济开始发展，人们对财富的追求和认知逐渐加深。首先，农业生产是人们获取财富的主要途径。但是，随着手工业和商业的发展，一些人开始从事手工业生产和商业贸易，通过制作和销售商品来获取财富。其次，在春秋战国时期，人们已经初步具备了储蓄意识。他们会把多余的钱财或粮食储存起来，以备不时之需。这种储蓄行为不仅体现了人民对财富的重视，也为其未来的生活提供了保障。再次，由于当时货币制度尚未完善，人们更倾向于将财富以实物的形式保存下来，如粮食、布匹、金银等。这些实物不仅具有使用价值，还能够在一定程度上保值、增值。最后，人们还会将财富用于社会投资，如购买土地、支持商业贸易等。这些投资行为不仅能够为个人带来更大的财富回报，还能够促进社会的发展和繁荣。

（二）诸侯国纷纷变法争霸

炎黄时期是原始社会的晚期，也是中华文明的起源；尧舜时期是奴隶社会的初期，也是中国历史的开端；禹启时期是奴隶社会的发展期,也是中国历史的延续。其中,唐帝尧、虞帝舜、夏禹和夏启既是中国古代神话传说中的人物,也是中国历史上的第一位、第二位、第三位和第四位帝王。夏朝约存在于公元前2070年至公元前1600年,是中国史书中记载的第一个奴隶制朝代。夏实际是由氏族为核心发展形成的国家,由十多个姒姓部落组成,夏后氏在这些部落中居于领导地位。夏朝建立者为大禹,禹子启打破了禅让制度,开始了世袭统治,被看作中国历史上"家天下"的发端。夏朝,王权与神权相结合,形成了较为复杂的统治体系。商朝约存在于公元前1600年至公元前1046年,是中国历史上的第二个朝代,也是中国第一个有直接文字记载的王朝。商汤在鸣条之战中灭夏后,以"商"为国号,在亳建立商朝。商朝经历了先商、早商、晚商三个阶段,国都频繁迁移,至盘庚迁殷后,才稳定下来。商朝处于奴隶制鼎盛时期,奴隶主贵族是统治阶级,形成了庞大的官僚统治机构和军队。商朝的王位继承制度前期为兄终弟及,后期为典型的父死子继。周武王姬发率部在牧野(今河南境内)发动灭商纣王的战争,最后纣王兵败自焚,商朝灭亡,西周建立。周朝约存在于公元前1046年至公元前256年,是中国历史上的第三个王朝,分为西周(前1046—前771)和东周(前770—前256)两个时期。西周时期,各个民族和部落逐渐融合,华夏族也在此时形成，成为汉族的前身。东周时期，周王室权威衰落，各诸侯国纷纷崛起，政治格局发生了根本性变化。

为巩固统治，周王把亲族和功臣分派到各地，建立诸侯国。分封制加强了王权，形成了等级序列，统治效果加强，造就了中国历史上最长的朝代（将近800年）——周王朝。然而，随着时间的推移，由于宗法制和分封制的弊端，王室土地的减少，军事力量的衰弱，以及王室内部纷争，王室权威日渐瓦解。外族侵扰、诸侯国的崛起以及两王并立的局面，进一步削弱了周王室的统治基础。这些因素交织在一起，使得周王室在经济、军事和政治上的影响力大幅下降，名义上是共主，实则权力被各诸侯国分割。春秋战国时期出现了"春秋五霸""战国七雄"[①]。随着周王室原有的封建制度的逐渐瓦解，取而代之的是以诸侯国为主导的分权政治体制。各诸侯国为了增强自身实力、争霸中原，纷纷进行了政治、经济、军事等方面的改革，即变法。在政治方面，各诸侯国废除旧有的贵族世袭制度，选贤任能，打破了贵族对权力的垄断；加强中央集权，削弱地方势力，增强了国家的统一性和稳定性。在经济方面，各诸侯国推行新的土地制

---

① "春秋五霸"是指齐桓公、宋襄公、晋文公、秦穆公和楚庄王。"战国七雄"是东周后期七个强势诸侯国的统称，分别是齐、楚、燕、韩、赵、魏、秦。

度，如废除井田制，承认土地私有等，激发了农民的生产积极性，提高了农业生产效率；发展工商业，鼓励贸易，增加了本国财政收入。在军事方面，各诸侯国加强军队建设，提高军队战斗力；通过改革兵制、训练士兵、更新武器装备等方式，使军队更加适应战争需要；推行奖励军功制度，通过授予爵位、土地等方式激励士兵英勇作战，提高了士兵的作战积极性。比如，战国初期，李悝在魏国采取了废除官爵世袭制、推行"尽地力之教"、实行"平籴法"等一系列变法措施，使魏国成为当时最强盛的国家之一。又如，商鞅在秦国推行了两次大规模变法，包括"令民为什伍"、重农抑商、奖励耕织、统一度量衡、废分封行县制等。这些变法措施使秦国迅速崛起为战国时期的强国，并帮助秦王政最终实现了统一六国的伟业。通过政治、经济、军事等方面的改革措施，各诸侯国不仅提高了自身的综合实力和竞争力，实现了富国强兵的目标，还推动了整个社会的进步和发展。这种政治环境促使诸子百家从不同角度探讨财富与国家兴衰的关系，提出了各自独特的财富观念。例如，儒家强调"藏富于民"，即通过减轻赋税等方式让人民拥有更多的财富。墨家主张"兼爱非攻"，即通过和平的方式解决争端和冲突，以维护社会的稳定和繁荣。道家则强调"无为而治"，认为财富是自然之道的产物，应该顺应自然规律来管理和运用。

(三)私学与学术文化下移

土地私有制逐渐兴起,诸侯国纷纷变法争霸,造成了春秋时期"经济下移"和"政治下移"两种重要的社会现象。经济下移主要表现为:社会经济关系的变化和生产力的发展推动了经济重心从上层贵族向平民阶层转移。春秋时期,封建私有制逐渐代替了井田制,促进了奴隶制的解体。土地私有制的出现,使个体经济得以发展,经济活动的主体逐渐从贵族阶层扩大到平民阶层。农业生产力的提高,使得更多平民能够从事农业生产并积累财富。同时,手工业和商业的兴起,也为平民阶层提供了更多的经济机会。随着生产力的提高和经济的繁荣,一些原本较为偏远但资源丰富的地区逐渐成为新的经济中心。例如,曲阜等地因地理位置优越、交通便利、经济发达,逐渐成为春秋时期的经济重镇。政治下移则是指政治权力从周王室和贵族阶层向诸侯国乃至卿大夫等较低层级的官员手中转移的过程。春秋时期,周王室的权威和影响力逐渐减弱,诸侯国之间的争霸战争不断,周天子的地位被逐渐削弱。诸侯国不再严格遵守周天子的命令,而是根据自己的利益行事。随着周王室权威的衰落,各诸侯国纷纷崛起,成为独立的政治实体。他们通过战争和外交手段扩张领土和势力范围,逐渐形成了自己的政治体系和官僚机构。在诸侯国内部,一些卿大夫通过掌握军事权力、经济资源和人才资源，逐渐崛起为重要的政治力量。他们甚至能够左右国君的决策，取代国君成为实际统治者。例如，晋国在春秋后期出现了六卿轮流执政的局面。

春秋时期"经济下移"和"政治下移"打破了原有的社会结构和政治格局，为新的社会阶层和力量提供了发展空间。士阶层是奴隶制度之中贵族的下层，在封建制度兴起时，转化为平民阶级的上层。各诸侯国的统治者为了维护统治地位并扩张势力，争相搜罗人才来养士，所以大批自由民想成为士阶层，于是出现了培养士的私学机构，私学随之兴盛。在社会动乱中，没落贵族及其后裔流落民间，文化职官被迫流落四方。一批原本在周王宫里有文化知识的人失去了地位和职守，他们中的一部分人成为靠着自己过去掌握的"六艺"知识来自谋生活的知识分子。这些人将典籍文物、礼器乐器带到了民间，形成了"学术文化下移"的趋势。私学的兴起和"学术文化下移"使得文化不再为贵族所垄断，而是广泛传播到民间。这种文化繁荣的局面为各种思想流派的涌现，包括为诸子百家财富观念的争鸣，提供了土壤。例如，儒家强调以义制利、以礼制欲。孔子认为应当合理分配财富，反对贫富不均和过度剥削。他主张节俭和勤劳致富，认为国家和个人都应当节约用度，避免奢侈浪费。道家则主张"无为而治"，对财富的看法相对淡泊。他们强调顺应自然、回归本真,认为过多的财富和欲望会束缚人的心灵和行动。墨家主张"兼爱非攻"和"节用",认为财富应当用于造福社会和人民。他们反对奢侈浪费和不必要的战争,主张通过节约和勤劳来积累财富。法家则注重法律和制度在财富分配中的作用。他们认为通过强有力的法律制度可以规范人们的经济行为,确保财富的合理分配和社会的稳定。

第二章 春秋战国时期儒家财富观

春秋战国时期，儒家财富观主要体现在关于财富的获取、分配、使用等方面的主张。首先，儒家并不排斥财富，但强调财富的获取必须正当。《论语》中多处体现了儒家对财富获取途径的看法，如"富与贵，是人之所欲也。不以其道得之，不处也。"（《论语·里仁》）其次，儒家不仅强调财富积累的正当性，更重视财富的使用和分配。他们认为，仅仅拥有财富是不够的，还需要对财富进行合理的使用和管理。孔子倡导"富之"与"教之"相结合的政策，即在使人民富裕之后，还要进行教化，提升人民的道德和文化素养。孟子也提出"富而教之"的观点，他认为在人民富裕之后，应该加强教育，使人民懂得礼仪和道德，从而更好地维护社会秩序和稳定。最后，儒家在财富分配上主张"贫富有差"，即财富的占有应该符合礼仪标准，形成一定的等级差异。荀子在《富国篇》中明确指出："贵贱有等，长幼有差，贫富轻重皆有称者也。"这种等级观念旨在通过合理的财富分配来维护社会秩序和稳定，避免社会矛盾和冲突的发生。

一、强调取之有道

子曰："富与贵，是人之所欲也。不以其道得之，不处也。贫与贱，是人之所恶也。不以其道得之，不去也。"《增广贤文》把孔子的意思提炼成"君子爱财，取之有道"，成为中华传统文化财富思想的核心要义，为历代文人墨客所传颂和践行。

（一）理论释义

在孔子看来，对财富和权贵的追求是一种正常的人之欲望。《论语·阳货》中记载了"吾岂匏瓜也哉？焉能系而不食？"的典故。佛肸是晋国大夫赵简子的邑宰（也有说法认为他是范中行氏的邑宰，因赵氏伐范中行氏而据邑叛），他召请孔子前往中牟（今河南省汤阴县附近）。这一行为在当时可能被视为一种政治拉拢，或想要利用孔子的声望来巩固自己的地位。当孔子有意前往时，他的弟子子路提出了质疑。子路说："过去我听老师说过：'亲身不做好事的人那里,君子是不去的。'佛肸在中牟叛乱,您要去,这是怎么回事?"子路的质疑体现了他对孔子言行一致性的高度要求和对君子行为的坚守。对于子路的质疑,孔子回答:"是,我说过这话。但是,不是说坚硬的东西磨也磨不坏吗?不是说洁白的东西染也染不黑吗?我难道是葫芦吗?怎么能挂在那里不食用呢?"孔子通过这两个比喻——坚硬的东西不会因磨而变薄,洁白的东西不会因染而变黑——来强调自己的坚定信念和不可动摇的立场。同时,他自比葫芦(匏瓜),表明自己绝不能只挂在那里而不被使用,这体现了他积极入世、力求改变社会的愿望和决心。

事实上,孔子认为合义的财富是可欲可求的。《论语·述而》中记载,子曰:"富而可求也,虽执鞭之士,吾亦为之。如不可求,从吾所好。""执鞭之士"意指职业低贱的人士。在古代,天子或贵族出门时,会有二至八人执鞭清除行路之人,使其让道,这些人被称为执鞭之士。他们手持皮鞭,负责清理道路,确保天子或贵族通行无阻。《周礼·条狼氏》中就有"条狼氏掌执鞭以趋辟。王出入则八人夹道,公则六人,侯伯则四人,子男则二人"的记载,详细描述了其职责和人数配置。除了上述职责,执鞭之士还负责市场的管理和秩序维护。《周礼·司市》中提到"凡市人,则胥执鞭度守门",这里的"胥"指的就是执鞭之士,他们作为守门卒,负责监督市场人员的进入,并用皮鞭作为管理工具,确保市场秩序的稳定和安全。所以,在孔子看来,如果财富可以通过合乎道义的方式获得,那么即使是执鞭这样的低贱工作,他也愿意去做。这也表明孔子不仅不排斥财富,而且还主张财富是可求的。孔子甚至说过"邦有道,贫且贱焉,耻也"(《论语·泰伯》)。如果是太平盛世,你还发不了家,富不起来,那就太不应该了,其意思分明是鼓励发家致富。

"不以其道得之"的"道",按宋代大哲学家朱熹的注解,即为正当性。根据《四书章句集注·论语·里仁第四》:"'不以其道得之',谓不当得而得之。然于富贵则不处,于贫贱则不去,君子之审富贵而安贫贱也如此。"君子爱财,取之有道,在追求财富和地位的同时,不能忽视道德和道义的重要性。孔子倡导人们坚守自己的原则和底线,以合法、合理、合德的方式去追求自己的目标和梦想。《论语·雍也》记载了孔子批评子贡不领赏金的故事。孔子的弟子子贡在国外赎回了沦为奴隶的鲁国人后,拒绝了官方给予的赏金。孔子知道后,对此表示了批评,他认为子贡的行为虽然看似高尚,实际上却树立了一个过高的道德标准,使得普通民众可能会因为觉得难以效仿而放弃行善。孔子的原话是:"赐失之矣。自今以往,鲁人不赎人矣。取其金则无损于行，不取其金则不复赎人矣。"这句话的意思是子贡做错了，因为他不领取赏金，其他人可能会担心自己如果领取了赏金就会被认为是不道德的，从而不再愿意赎回沦为奴隶的鲁国人。孔子认为，在追求道德高尚的同时，也要考虑其行为对社会和他人可能产生的影响。他主张在符合道义的前提下，人们可以合理地追求自己的利益，而不是过分强调无私奉献和牺牲，以至于影响到社会的整体善行。

（二）文化影响

儒家强调取之有道的财富观深深影响了中国乃至整个东亚文明，成为这一地区文化和价值观的重要组成部分。

一方面，这种财富观不仅体现在个人行为准则上，还渗透到了社会制度、经济政策和文化传统之中。在教育实践层面，父母通过言传身教，向子女灌输取之有道的观念。在家庭中，父母会培养子女诚实守信、勤劳节俭、尊老爱幼等美德，这些美德都是取之有道的具体体现。在古代中国的学校教育中，儒家经典，如《论语》《孟子》等，被当作必修课程。这些经典中蕴含着丰富的取之有道思想，通过学习和理解这些经典，学生可以深入领会到道德规范和正义原则的重要性。儒家还通过社会教育来强化取之有道的观念。在社会中，儒家思想被广泛应用于各个领域，如政治、经济、文化等。通过社会实践和公共舆论的引导，儒家思想中的道德规范和正义原则得以广泛传播，深入人心。作为社会的一员，我们在追求个人利益的同时，也要承担起对社会的责任，包括积极参与公益事业，关心弱势群体，推动社会进步等。通过履行社会责任，我们可以不断提升自己的社会形象和声誉，从而实现个人价值和社会价值的双赢。

另一方面，儒家强调取之有道的观念传承，使得东亚地区形成了独特的商业伦理和企业文化，为经济的稳定发展提供了坚实的道德支撑。儒家财富观鼓励人们在追求财富时保持道德自律，通过正当途径获取财富。这种观念促使东亚人民在日常生活和商业活动中注重诚信、勤奋和节俭，反对不劳而获、欺诈和浪费。在社会制度层面，东亚各国政府和社会普遍重视通过法律制度来维护公平竞争的市场环境，打击非法经济活动，保障人民的合法权益。制度的建立和完善，正是取之有道财富观在社会层面的体现。同时，政府通过税收政策、社会保障制度等手段，对财富进行再分配，确保社会公平正义，防止贫富差距过大。在经济政策层面，政府和企业注重可持续发展，强调经济增长与环境保护、社会和谐相协调。在推动经济发展的过程中，东亚国家普遍采取了稳健的经济政策，避免过度投机和泡沫经济的发生；同时注重培养本土企业和人才，提升自主创新能力，为经济的长期发展奠定坚实基础。此外，取之有道的财富观还深深根植于东亚的文化传统之中。在儒家文化中，诚信、仁爱、义利等价值观与取之有道的财富观紧密相连。这些价值观不仅塑造了东亚人民的性格特征和行为方式，还影响了东亚人民的消费观念、储蓄习惯和投资选择。在东亚社会中，人们普遍注重储蓄和积累，倾向于选择稳健的投资方式，这种文化传统为东亚经济的稳定发展提供了重要保障。

（三）实践启示

在现代社会，实践"取之有道"的原则可以确保我们在追求财富、资源和成就时能够遵循道德规范和法律规范，以正当、合法的手段实现个人、社会和国家的财富目标。无论是个人还是企业，界定获取财富的"道"，即确定何为正当、合法且道德上可接受的财富获取途径，是一个多维度、综合性的考量过程。

"取之有道"在现代社会的首要界定标准是获取财富的行为不违反国家法律法规。无论是个人还是企业，都应在法律框架内行事，避免发起、参与任何形式的违法犯罪活动。在现实生活中，偷税漏税则是对"取之有道"的正确财富观的扭曲和背叛。它试图通过非法手段获取不正当利益，忽视了诚信、公平和社会责任的重要性。税收是人类社会发展到一定阶段的产物，我国的税收制度是随着奴隶制国家的建立而逐渐产生和发展起来的。论起税收的起源，早在公元前594年，鲁宣公因势利导，适应土地私有制，以法律形式承认土地私有，实行"初税亩"。有征税就有逃税，征纳双方自古以来就像猫鼠游戏。据文献记载，我国清及之前历代的法律，称不缴、少缴税款的行为为"匿税"。"匿"这个字被用于税收领域，至少可以追溯到2000多年前的秦朝。偷税漏税的行为不仅直接影响到国家财政收入、财富分配和税收环境的法治公平，严重的还会威胁到国家经济安全。

尽管逃税在大多数国家都是重罪，但仍不乏公众人物为了钞票选择铤而走险。明星艺人偷税漏税现象屡禁不止，通过签订阴阳合同、拆分合同、转换收入性质、开虚假发票等手段或形式逃避缴税义务。

作为公众人物，明星艺人偷税漏税所带来的不良社会影响是多方面的，尤其体现在对粉丝群体的财富价值观和职业伦理观的冲击上。例如，在一些当红明星的偷税漏税事件中，除了其行为本身十分恶劣，粉丝为其"洗地鸣冤"的行为更是激起大众愤怒。粉丝被对偶像的喜爱蒙蔽了双眼，对偶像的违法行为进行辩解、申诉，"围攻"谴责偶像的网民，甚至想通过"刷词条""洗广场"等形式颠倒黑白、掌控舆论、误导大众，这是让人更为忧心的。在明星的粉丝群体中，还有相当大一部分未成年人，他们还未形成稳定的价值观，却跟着所谓的"大粉"进行"反黑"，坚信"自家"偶像做得没错，都是被"陷害"了。粉丝们一遍遍强化错误的观念，这个过程对价值观的扭曲程度不可估量。从更加长远的角度看，明星作为公众人物，应该起到好的带头示范作用。然而他们的不法行为在社会上形成的示范影响同样巨大，长此以往，会给我国的税务安全乃至市场秩序造成困难。

除了坚守法律底线，获取财富的"道"还体现在遵从道德性、合理性和长远性原则上。所谓道德性，即指在财富获取过程中，无论企业还是个人，都应秉持诚实守信的原则，不欺诈，不虚假宣传，以诚待人，以信立业。在商业活动中，应尊重市场竞争规律，不进行不正当竞争，如垄断、低价倾销等行为，以维护市场的公平与秩序。在追求财富的同时，应承担相应的社会责任，关注社会公益事业，回馈社会，实现个人价值与社会价值的统一。所谓合理性，即指通过诚实劳动获得的财富是最基本的"道"。无论是体力劳动还是脑力劳动，只要是通过合法途径付出努力所得的，都应被视为正当财富。在现代社会，利用个人智慧、技术或创新能力创造的财富同样受到尊重，例如，发明新的专利、创作艺术作品等。智慧财富的创造不仅有助于个人成长，也能为社会带来价值。在资源紧张的当下,企业和个人在获取财富的过程中,应关注资源的合理配置和可持续利用,避免过度开采、浪费资源等,确保经济发展与环境保护相协调。所谓长远性,即指在创造财富的同时,要有长远的眼光和战略思维。在追求财富的过程中,应充分评估潜在的风险并制订应对措施,避免盲目投资、过度负债等,确保财富的安全和稳定增长。

二、提出富而教之

《论语·子路》中记载:"子适卫,冉有仆。子曰:'庶矣哉!'冉有曰:'既庶矣,又何加焉?'曰:'富之。'曰:'既富矣,又何加焉?'曰:'教之。'"庶之、富之、教之,即人口繁庶、经济富足、文明教化,三者环环相扣,层层递进。庶之、富之、教之是孔子的治国三部曲,体现了儒家"先富后教"的治国理念和财富观念。

(一)理论释义

刚到卫国,孔子就被大街小巷熙熙攘攘的人群吸引了,禁不住说了句"人真多啊"。对于老师的赞叹,作为弟子的冉有说出了他的思考:"人口已经很多了,还应该干点什么呢?"孔子肯定地说:"让他们富起来。"冉有进一步问:"已经富裕之后,又该干什么呢?"孔子说:"教育他们。"有限的文字充分体现了儒家"富而教之"的思想主张,即国家的发展应首先关注人口增长;随后致力于经济发展,使人民富足;最后,在此基础上进行道德教化。"富而教之"包含了两大核心要素:一是"富民",即通过正当手段促进经济发展,使人民的物质生活得到满足;二是"教化",即在物质富裕的基础上,通过道德教育提升人民的精神素养和道德水平。这两者相辅相成,共同构成了国家长治久安、社会和谐发展的基石。

应该看到,孔子明确指出在使人民富足之后,才能进行有效的教化。这一思想体现了孔子对经济基础与上层建筑的关系的深刻理解。他认为,只有在物质条件达到一定水平的情况下,人们才有精力和能力去追求更高层次的精神文化目标,包括接受教育和提升道德修养。这与马克思主义关于经济基础决定上层建筑的理论相吻合。孔子深知教化对社会稳定和个人品德提升的重要性。他认为,仅仅使人民富裕起来还不够,还需要通过教化来引导人民树立正确的价值观,培养高尚的品德。在物质生活得到满足之后,人们可能会面临精神空虚和道德迷失的问题。因此,孔子强调在富裕之后必须立即进行教化，提升国民的整体素质，以巩固社会稳定的基石。孔子还看到教化与经济发展之间的相互促进关系。他认为，通过教化可以提升人民的道德水平和文化素养，进而促进社会的和谐稳定和经济的持续发展。一个道德高尚、文化繁荣的社会必然能够吸引更多的投资和人才，为经济发展创造更加有利的条件。同时，经济的发展也会为教化提供更多的物质支持和资源保障。当然，孔子在提出"富而后教"的思想时，也参考了当时的社会实践和历史经验。他观察到，在那些经济发展滞后、人民生活贫困的地区，教化往往难以推行或效果不佳。在那些经济繁荣、人民富足的地区，教化则更容易得到人们的接受和认可，产生更加深远的影响。因此，孔子认为在使人民富裕之后进行教化是符合历史发展规律和人民根本利益的正确选择。

孟子作为儒家思想的重要继承者，也提出了丰富的财富思想。孟子，名轲，字子兴（亦有说法字子舆或子车），邹（今山东邹城东南）人，大约生于公元前372年，卒于公元前289年，是战国时期的著名思想家、政治家、教育家，儒家学派的重要代表人物之一。孟子自幼信仰孔子的孙子——子思的学说，深受儒家思想的影响。他虽然没有见过子思，但曾在子思的学生那里学习，自认为是子思的私淑弟子。他传承与发展了孔子的思想，形成了自己独特的思想体系。孟子把孔子"仁"的学说发展成系统的"仁政"学说；继承并发展了孔子"性相近"的人性学说，提出了"性善论"；在孔子的基础上进一步强调了民本思想。他也继承了孔子的义利观，强调先义后利、重义轻利的原则，认为追求道义比追求物质利益更为重要。他批评只顾个人私利、不顾国家和民族利益的行为，认为这是违背儒家道德的。孟子在阐述"富而教之"时，强调了经济发展与教育之间的紧密联系和相互促进关系。孟子不仅看到了经济对教育的影响，还强调了教育对经济的反作用。他指出："善政不如善教之得民也。善政，民畏之；善教，民爱之。善政得民财，善教得民心。"（《孟子·尽心上》）这段话表明，他认为教育是最好的政治，通过教育可以培养民众的道德品质和社会责任感，提高整个社会的文明程度。精神层面的提升会转化为经济发展的动力，促进社会的和谐稳定和经济的可持续发展。难能可贵的是，孟子提出了"有教无类"，这是"富而教之"理念的具体体现。他主张教育不应该受到贫富贵贱的限制，每个人都应该有接受教育的权利。这种思想在当时的社会背景下具有革命性意义，它打破了教育被少数贵族垄断的局面，推动了教育的普及和公平。同时，孟子也认识到，教育的普及需要经济的支持，只有经济发展了，才有更多的资源投入教育，实现教育的公平与普及。此外，孟子还提出了"教之不改而后诛之"的观点,即对经过教育仍不改正错误的人,才考虑对其使用刑罚。他认为人性本善,通过教育可以培养和完善人的善性,使人成为道德高尚的君子。这进一步体现了孟子对教育的重视,他认为教育是预防犯罪、维护社会秩序的重要手段。

孟子之后,儒家思想的又一继承者——荀子,对儒家的财富观也有着独特的见解和贡献,他在孔孟"先富后教"思想的基础上进行了发展和创新。荀子认为只有先解决好了人民的物质生活问题,才谈得上对人民进行道德教化。他提出"不富无以养民情,不教无以理民性"的观点,强调经济基础和上层建筑之间的密切关系。这与孔孟的"富而教之"思想是一脉相承的。

(二)文化影响

在儒家思想中,"教之"与"富之"是相辅相成的。一方面,教化能够提升人们的道德水平和文化素养,使人们更加理性地看待财富和物质追求;另一方面,财富的积累也为教化的实施提供了物质基础和支持。儒家的教化思想与财富观体现了思想家们对人性、社会和国家发展的深刻理解。"富而教之"作为孔子及其儒家思想中的重要观念,对中华文明影响深远且广泛。这一思想不仅体现了物质与精神的双重追求，也深刻影响了中国的社会发展、教育制度、道德观念以及治国理念等。

首先，儒家富而教之的理念促进了中国的社会进步与发展。在古代社会，随着经济的发展，人民富裕起来，为社会的稳定和发展奠定了物质基础。同时，教育的普及提高了民众的文化素养和道德水平，为社会的长期繁荣提供了精神支撑。富而教之的思想引导历代统治者重视农业、手工业和商业的发展，同时加大教育投入，推动社会整体向前发展。其次，富而教之的理念推动了古代教育体系的建立和完善。随着经济的发展，古代社会逐渐形成了从官学到私学、从基础教育到高等教育的完整教育体系。教育机构不仅传授文化知识，还注重道德教育和礼仪规范的培养，为社会培养了大量德才兼备的人才。同时，教育资源的普及也促进了社会阶层的流动，使得更多人有机会通过教育改变自己的命运。再次，富而教之的理念深刻影响了中华文明的道德观念。儒家思想强调"以德治国"，认为教化是提升个人品德和社会道德水平的关键。在富而教之理念的指导下，古代社会形成了尊老爱幼、诚实守信、勤劳节俭等优良传统美德。这些道德观念不仅深入人心，还成为行为的重要准则，对维护社会稳定和促进社会和谐发挥了重要作用。最后，在治国理政方面，富而教之的理念为历代统治者提供了重要的借鉴和启示。古代统治者认识到，仅仅依靠武力或强制手段难以维持国家的长治久安。因此，他们注重通过发展经济和加强教育来巩固统治基础：在经济上，通过减税轻赋、兴修水利等措施促进农业生产；在教育上，通过设立学校、推广教化等手段提升民众的文化素养和道德水平。这些措施的实施不仅增强了国家的经济实力和综合国力，还提高了民众的凝聚力和向心力，为国家的长期稳定发展奠定了坚实基础。

此外，富而教之的理念还促进了中华文化的传承与发展。在古代社会，教育不仅是传授知识的过程，更是文化传承的重要途径。通过教育，儒家思想等优秀传统文化得以广泛传播和深入人心。文化精髓不仅丰富了中华民族的精神世界，还为世界文化的多样性贡献了中国智慧和中国方案。富而教之作为儒家思想中的重要理念，对东亚文明产生了深远而广泛的影响。在富而教之理念的指导下，东亚国家普遍重视教育普及，建立了较为完善的教育体系。从基础教育到高等教育，从公立学校到私立学校，教育资源的广泛覆盖使得更多人有机会接受良好的教育。东亚教育体系不仅注重知识的传授，还强调道德教育和人格培养。儒家经典，如《论语》《孟子》等，成为重要教材，仁、义、礼、智、信等儒家道德观念融入教育内容，培养了学生们的道德情操和社会责任感。富而教之的理念促进了东亚社会道德观念的形成和发展。儒家思想中的诚信、尊重、孝顺等价值观成为社会共识，影响了人们的日常行为和生活方式。东亚社会普遍重视个人对家庭、社会和国家的贡献，形成了积极向上的社会风气。

（三）实践启示

党的二十届三中全会提出："教育、科技、人才是中国式现代化的基础性、战略性支撑。必须深入实施科教兴国战略、人才强国战略、创新驱动发展战略，统筹推进教育科技人才体制机制一体改革，健全新型举国体制，提升国家创新体系整体效能。"富而教之的理念对加快推进教育、科技、人才一体化发展战略具有重要的现实启示。

富而教之的理念首先强调了经济发展对教育投入的重要支撑作用。历史上，从意大利到法国、英国、德国，再到美国，全球高等教育中心与经济中心、科技中心的同步转移现象，体现了教育与经济的内在联系。在中国，长三角、珠三角等经济和教育发达地区，对人才的"虹吸效应"明显，高校的人才吸引力与区域经济实力密切相关。随着经济的持续增长，国家和社会将更多的财力、物力投入教育事业，为提升教育质量、优化教育资源配置提供了坚实的保障。这种投入不仅体现在教育基础设施的建设上，还包括教师队伍的建设、科研项目的资助等多个方面，有助于提升教育质量，促进教育公平，为教育强国建设提供有力保障。其次，经济与教育的融合是推动教育强国建设的重要途径。通过加强产学研合作，促进教育链、人才链与产业链、创新链的有效衔接，可以培养更多符合产业发展需求的高素质人才。同时，产业界的资金和技术支持也可以为教育创新提供有力支撑。经济的发展为教育信息化提供了条件。随着信息技术的快速发展和普及，教育信息化成为提升教育质量、促进教育公平的重要手段。政府和企业可以共同推动教育信息化基础设施建设，提供优质的数字教育资源，促进信息技术与教育教学深度融合。当然，经济的发展需要完善的教育政策体系来保障。政府应根据经济社会发展需要，制定科学合理的教育政策，优化教育结构，促进各级各类教育协调发展。同时，政府应加强教育法制建设，保障教育公平和教育质量。

富而教之理念中的"教"不仅指知识的传授，更包括道德的教育。在现代社会，道德建设是社会文明进步的重要标志。因此，我们需要将道德教育融入教育的全过程和各方面，加强学生的思想道德教育和心理健康教育，培养学生的社会责任感、道德情操和文明素养。同时，我们需要通过教育引导人们树立正确的价值观和人生观，促进社会的和谐稳定。富而教之的理念不仅对教育普及程度有所要求，还强调教育质量的重要性。在现代社会，教育普及已经成为共识，但教育质量参差不齐的问题仍然存在。因此，我们需要注重提升教育质量，加强教师队伍建设，改善教育设施条件，推动教育创新改革。只有这样，才能培养出更多具有创新精神和实践能力的高素质人才。富而教之的理念还启示我们要秉持终身学习的观念。在知识爆炸的时代，学习已经成为人们的终身需求和追求。因此，我们需要建立完善的终身学习体系，鼓励人们不断学习、不断进步；同时需要加强社会教育、家庭教育和网络教育等多元化教育形式的发展，为人们提供更加便捷、灵活的学习方式和途径。总之，在儒家的思想理念中，经济发展是教育的基础，教育对经济发展具有推动作用；同时，儒家主张教育的普及与公平，强调教育对个人发展的重要性。富而教之的财富观不仅对当时的社会具有深远的意义，为今天的教育和经济发展也提供了有益的启示。

三、主张贫富有差

贫富有差这一理念,最早可追溯到先秦儒家的思想体系,尤其是荀子的思想。荀子在《富国篇》中明确指出:"贵贱有等,长幼有差,贫富轻重皆有称者也。"这种等级观念旨在通过合理的财富分配来维护社会秩序和稳定,避免社会矛盾和冲突的发生。

(一)理论释义

荀子,名况,又称孙卿,是战国时期的赵国人,大约生活在公元前313年至公元前238年。他是一位杰出的思想家、教育家、政治家和古代唯物主义理论家,对后世产生了深远的影响。荀子早年求学于齐国,因学识渊博,曾三次担任齐国"稷下学宫"的"祭酒"(学宫之长),这显示出他在当时学术界的崇高地位和卓越贡献。在游历各国的过程中,荀子积极传播自己的思想和富国之道,但由于各国朝政的腐败和国君的昏庸,他的政治抱负未能实现。

"贵贱有等,长幼有差,贫富轻重皆有称者也"这句话,强调了社会结构中存在的等级秩序和差异性,具体包括贵贱等级、长幼次序以及贫富轻重的区分。所谓贵贱有等,指的是社会成员在身份、地位上的高低差别。这种差别在古代社会尤为显著，与官职、爵位、血统等因素紧密相关。在荀子看来，这种等级制度有助于维护社会稳定和秩序。长幼有差则强调在家庭和社会中，长辈与晚辈之间应存在尊卑关系。这种关系不仅是血缘亲疏的体现，更是道德教化的基础。人们通过坚守尊老爱幼等传统美德，维系和谐的人际关系。所谓贫富轻重皆有称，是指财富和地位的轻重也应该有所对应和匹配。这既是对个人能力和贡献的认可，也是对社会资源进行合理分配的要求。在古代社会，贫富差距是客观存在的，但荀子认为应通过礼制来调和这种差异，确保社会的公平与正义。

荀子生活在战国时期，这是一个社会动荡、诸侯纷争的时代。他深刻认识到物质资源的有限性与人类欲望的无限性之间的矛盾。如果财富分配过于平均，当物质资源无法满足所有人的需求时，就会引发争夺和混乱。这种争夺不仅破坏了社会的和谐稳定，也违背了人性的基本需求。因此，荀子认为贫富有差是必然的，这种差异有助于缓解资源有限性带来的压力，维护社会的正常运转。在荀子看来，贫富有差是礼制建设的重要内容之一。财富的差异化分配有助于明确人们的社会地位和角色分工，促进社会的有序发展；同时有助于激发人们的积极性和创造力，推动社会、经济的繁荣。荀子认为每个人的能力和贡献都是不同的，这种差异应该通过财富的分配来体现。他主张"按劳分配"和"论功行赏",即根据个人的劳动成果和贡献大小来分配财富。这种分配方式既能够激励人们努力工作、积极进取,又能够确保社会的公平与正义。荀子还从自然规律的角度来解释贫富有差的合理性。他认为天地万物都有其自然的差异性和等级性,人类社会也不例外。贫富有差是自然界和社会发展的必然结果,也是人类社会进步的体现。因此,他主张顺应自然规律和社会发展趋势,通过合理的制度设计和政策调控来引导财富的分配和流动,促进社会的和谐与繁荣。

(二)文化影响

儒家的贫富观对中国历史和文化产生了深远而广泛的影响,这些影响不仅体现在个人的道德修养和价值取向上,还体现在社会的经济政策和文化心理上。儒家强调"富而有德",这种贫富伦理观在《论语》和《孟子》等儒家经典中得到了深入的阐述,其中"富而无骄"和"富而好礼"是这一理念的重要体现。《论语》中虽然没有直接以"富而无骄"为标题的论述,但孔子及其弟子的言行多次体现了这一思想。例如,孔子曾说:"君子泰而不骄,小人骄而不泰。"(《论语·子路》)这里的"泰"可以理解为从容不迫、平和安详的姿态,"骄"则是骄傲自满、盛气凌人的表现。因此，对富有之人而言，保持谦逊、不骄不躁的态度，正是"富而无骄"的体现。此外，《论语》中还记载了子贡与孔子的对话。子贡问孔子："贫而无谄，富而无骄，何如？"孔子回答说："可也。未若贫而乐，富而好礼者也。"（《论语·学而》）虽然孔子在这里并没有直接强调"富而无骄"是最高的境界，但他对子贡所说的"富而无骄"的认可，说明这一品质在儒家思想中是被重视的。富而无骄的理念成为中国历史上众多富商巨贾和士人阶层的行为准则。他们在拥有财富的同时，保持谦逊低调，不炫耀、不骄横，赢得了社会的尊重和赞誉。

《论语》中明确提到了富而好礼的理念。孔子认为，一个人在富裕之后，应该更加注重礼仪和道德修养，以礼待人，以礼处事。他强调："富与贵，是人之所欲也。不以其道得之，不处也。贫与贱，是人之所恶也。不以其道得之，不去也。君子去仁，恶乎成名？君子无终食之间违仁，造次必于是，颠沛必于是。"孔子在这里虽然没有直接说"富而好礼"，但他的意思是，无论贫富贵贱，都应该坚守仁德和礼仪，不能背离这些基本的道德原则。孟子在继承孔子思想的基础上，进一步发展了儒家对财富与道德的关系的观点。他提出了"穷则独善其身，达则兼善天下"（《孟子·尽心上》）的处世之道，认为一个人在穷困时应该努力完善自己的品德和修养，在富裕和显达时则应该积极投身社会公益事业，帮助他人。这实际上也是富而好礼的一种体现，即通过自己的行为影响和带动周围的人，共同提升社会的道德水平。富而好礼的理念在中国历史上产生了深远的影响。它不仅成为富商巨贾和士人阶层的行为准则，也深刻影响了普通民众的道德观念和行为方式。在中国传统社会中，富人们经常通过捐资助学、修桥铺路、赈灾济困等方式来回报社会、造福桑梓，这正是富而好礼理念的生动实践。

儒家贫富有差的财富观在一定程度上影响了历代政府的经济政策。这种影响体现在调节贫富差距、重视农业与民生、倡导节俭与慈善，以及实施税收与救济政策等多个方面。首先，儒家强调社会和谐与公平，认为贫富差距过大是社会不稳定的重要因素之一。因此，在儒家思想的影响下，历代政府往往采取一系列措施来调节贫富差距。例如，在汉代，政府通过实行均田制、租庸调制等经济政策，力求在保障农民基本生活的同时，限制地主阶级的过度剥削和财富积累，从而在一定程度上缩小了贫富差距。这种"调均"的经济政策与儒家所倡导的贫富有差但不过于悬殊的财富观相契合。其次，儒家认为农业是国家的根本，是百姓生计的基础。因此，在儒家财富观的影响下，历代政府都高度重视农业发展，采取多种措施鼓励农民耕种，提高农业生产效率。

例如，在春秋战国时期，商鞅就明确提出了"重农抑商"的政策；在唐代，政府则通过兴修水利、推广农具等方式来推动农业生产的发展。这些措施不仅促进了农业生产的繁荣，也提高了百姓的生活水平，从而在一定程度上缓解了贫富差距问题。再次，儒家思想强调节俭和慈善，认为这是个人道德修养的重要体现。在儒家财富观的影响下，历代政府也积极倡导节俭和慈善精神。例如，在明清时期，政府就多次颁布法令，鼓励商人捐赠财富用于公益事业，如修建学校、桥梁、道路等。这些举措不仅促进了社会公益事业的发展，也提高了富人的社会责任感和道德水平，从而在一定程度上缓解了社会矛盾和贫富差距问题。最后，儒家还主张通过税收和救济政策来调节社会财富分配。在儒家财富观的影响下，历代政府都采取了一系列税收和救济政策来保障弱势群体的基本生活。例如，在宋代，政府就实行了"均税法"和"常平仓"制度，前者通过均平赋税来减轻百姓负担，后者则通过储备粮食来应对灾荒。这些政策的实施不仅缓解了社会矛盾，促进了社会的和谐稳定和繁荣发展，也体现了儒家对社会公平和正义的不懈追求。

（三）实践启示

儒家贫富有差的财富观对当代社会仍然具有重要的实践

启示。它肯定追求财富的正当性，强调追求财富应当遵循道义。在财富分配上，贫富有差的财富观主张"各得其分"。孔子提出"不患寡而患不均，不患贫而患不安"，这里的"均"并非指平均分配，而是指合理分配，即使每个人得到与其贡献相称的财富。可见，贫富有差的等级观念并非绝对的平均主义或等级固化。

　　儒家贫富有差的财富观与共同富裕的理念之间存在密切的联系和互动。因此，儒家贫富有差的理念依然可以为当前全体人民共同富裕的推进提供思想资源和现实启示。首先，扎实推进新时代共同富裕应该强调道德引领与义利观。儒家思想强调道德在社会生活中的重要作用，认为对财富的追求应受到道德的约束。共同富裕在实践中应坚持道德引领，倡导诚信、仁爱、公正等价值观念，确保财富的增长和分配符合社会伦理和道德规范。儒家提倡"义利双行"，即追求财富的同时要兼顾道义。共同富裕应借鉴这一思想，在经济发展过程中注重社会效益和公平正义，确保经济活动的成果能够惠及全体人民，避免贫富差距进一步扩大。其次，扎实推进新时代共同富裕应该倡导社会公平与共享理念。儒家思想中的"不患寡而患不均"反映了人们对社会公平的渴望。共同富裕应将社会公平作为核心目标之一，通过合理的制度设计和政策安排，确保人人享有平等的发展机会和成果分享权。儒家思想中的"天下为公"理念体现了共享的思想。共同富裕应倡导共享发展理念,鼓励社会成员相互帮助、共同进步,实现社会财富的共同增长和共享。再次,扎实推进新时代共同富裕应该注重民生福祉与富民政策。儒家思想强调以民为本,关注民生福祉。共同富裕应将提高民生福祉作为重要任务之一,通过加强对教育、医疗、社保等民生领域的投入和改革,提高人民的生活水平和幸福感。儒家的"富民"思想强调通过发展生产、改善民生来实现人民的富裕。共同富裕应制定和实施一系列富民政策,如鼓励创业创新、促进就业增收、改善生产条件等,为人民群众创造更多的财富和就业机会。最后,扎实推进新时代共同富裕应该推动文化繁荣与价值观构建。儒家思想是中华优秀传统文化的重要组成部分。共同富裕应推动中华优秀传统文化的传承和发展,促进文化繁荣和创新,为人民群众提供丰富的精神食粮和文化产品。儒家思想中的价值观对于构建社会主义核心价值观具有重要启示意义。共同富裕应借鉴儒家思想中的价值观念,如仁爱、诚信、公正等,构建符合时代要求和社会发展的价值观体系,引导人民群众树立正确的价值观和道德观。

第三章　春秋战国时期道家财富观

春秋战国时期的道家财富观，深受其哲学思想的影响，强调自然、无为而治以及内在的精神满足。道家的哲学思想以"道"为核心，认为"道"是宇宙万物的本源和规律，是宇宙万物赖以生存的依据。"道"具有自然无为的特性，即宇宙万物都是按照"道"的规律自然运行，无须人为干预。因此，道家强调人应顺应自然，遵循"道"的法则，以实现人与自然的和谐统一。正是在道法自然的思想基础上，道家在政治治理上主张"无为而治"，即政府应减少干预，让社会自然发展。道家认为，过多的干预会扰乱社会的自然秩序，导致社会动荡不安。因此，道家倡导政府应简政放权，让人民自主管理生活。在《道德经》中，老子阐述了"道"的哲学思想，提出了"无为而治""道法自然"等核心观点。庄子进一步发展了道家的哲学思想，强调内心的自由和超脱，提出了"逍遥游"等哲学观念。道家哲学关于人与自然的和谐、无为而治的管理方式、知足常乐的生活态度、崇俭戒奢的消费观，以及公平与正义在财富分配中的体现等观念，不仅为古代社会提供了宝贵的财富观指导，也对现代社会的财富管理和消费观念产生了深远的影响。

一、强调"知足"与"寡欲"

老子深刻洞察到人性中的贪欲是导致社会动荡和纷争的根源之一。他认为过多的物质追求只会让人陷入无尽的烦恼和困惑，清心寡欲则能使人摆脱束缚，获得心灵的自由与宁静。因此，他在《道德经》中多次提到"寡欲"与"知足"的重要性，倡导控制欲望，保持内心的平静和满足。

（一）理论释义

老子生活在春秋末期至战国初期，这是一个社会动荡、战争频发的时代。诸侯争霸、民不聊生的现实促使老子对当时的社会制度、财富分配等问题进行了深刻的反思。这种时代背景为老子财富观的形成提供了重要的历史土壤。老子曾担任周朝守藏室之史，这一职位使他有机会接触大量的典籍和文献，对古代社会的政治、经济、文化等方面有了深入的了解。同时,他也见证了当时社会的种种弊端和矛盾,如统治者的贪婪、百姓的疾苦等。这些个人经历使老子对财富的本质和获取方式有了独特的见解,进而形成了自己的财富观。老子的思想体系以"道"为核心,强调自然无为、顺应自然规律。在财富观上,他也主张顺应自然、知足常乐。

老子是道家学派的创始人,其"知足"和"寡欲"思想成为道家财富观和人生哲学的核心。道家的知足思想在老子的《道德经》中得到了深刻的阐述,以"知足不辱,知止不殆,可以长久"这句话为代表。这句话不仅体现了道家对财富和欲望的独特看法,也蕴含了深刻的人生哲理。知足意味着对现有条件的满足和珍惜,不盲目追求超出自身能力和需求的物质财富。在道家看来,贪欲是人们受辱和失败的根源。当一个人能够知足常乐时,他就不会因为无法满足无尽的欲望而陷入困境或遭受耻辱。知止则强调了在追求目标和财富时要懂得适可而止。道家认为,一切事物都有其自然的规律和极限,超越了规律和极限就会带来危险和灾难。因此,在追求财富和成功的过程中,要有节制和自知之明,避免因为贪得无厌而陷入危机。"可以长久"则是对前两者的总结和提升,强调了保持内心平衡和适度的重要性。道家认为,只有保持内心平和、不为外物所动,才能够真正长久地拥有幸福和安宁。在财富观上，这表现为对财富的理性看待和合理支配，既不过分追求，也不盲目拒绝，而是根据自身的需要和社会的实际情况来做出选择。

《道德经》中提到"见素抱朴，少私寡欲"，这是道家寡欲思想的核心体现。"素"在此处指未经染色的生丝，象征自然、纯净、质朴的本性；"朴"则指未经雕琢的原木，寓意原始、未经修饰的状态。"见素抱朴"整体上强调保持人性的最本真、最自然的状态，不被外界纷繁复杂的事物污染和改变，追求心灵的纯净和朴素。"少私"指减少个人的私心和私欲，不过分追求个人的名利和享受；"寡欲"则指节制自己的欲望，避免贪得无厌、放纵无度。"少私寡欲"倡导的是一种淡泊名利、知足常乐的生活态度，认为过度的欲望是人性堕落和社会动乱的根源。道家认为，真正的幸福和满足来自内心的平静和充实，而非外在物质的丰富和堆砌。因此，"见素抱朴，少私寡欲"的财富观倡导人们注重精神层面的追求，减少对物质的过度依赖和追求。

（二）文化影响

道家的"知足"与"寡欲"思想教导人们要珍惜现有的，不盲目追求无止境的物质财富，而是追求内心的平静与自我满足。这种思想影响了后世人们对待生活的态度，鼓励人们减少贪欲，享受简单而充实的生活。道家主张"少私寡欲"，强调节俭和淡泊名利的重要性。这一思想在后世得到了广泛的传承和发扬，成为许多人修身养性、追求高尚品德的重要准则。

道家的"知足"与"寡欲"思想蕴含了对自然的深刻理解和尊重。道家认为人类应顺应自然规律，与自然和谐相处。这种自然观对后世的文化哲学和艺术创作产生了重要影响，推动了以自然为题材、追求自然之美的艺术创作风格的形成。道家的"知足""寡欲"思想也影响了艺术家的创作心态和追求。许多艺术家淡泊名利，在创作中注重内在精神的表现，形成了独特的艺术风格和境界。

在商业领域，道家的"知足"与"寡欲"思想启示人们要注重可持续发展和长期利益。企业应避免短视行为，追求长期稳健的发展；同时应关注社会责任和环境保护，实现经济效益与社会效益的双赢。

总之，道家的"知足"与"寡欲"思想对后世文化产生的深远影响涵盖了个人修养、社会治理、文化哲学、艺术创作以及商业伦理等多个方面。这种思想不仅为后世提供了宝贵的精神财富和道德准则，也促进了人类文明的进步和发展。

（三）实践启示

在物欲横流的现代社会中，道家的"知足"与"寡欲"思想提醒我们要树立正确的财富观念。我们应该认识到，财富只是生活的一部分，而非全部，过度追求财富往往会带来精神上的空虚和焦虑。因此，我们要学会珍惜现有资源，适度消费，追求更加有意义的生活。

道家的"知足"与"寡欲"思想还强调个人与社会的和谐共处。在追求个人财富的同时，我们也应该关注社会的整体利益和发展需求。通过积极参与社会公益事业、履行社会责任等方式来回馈社会、造福他人。这样不仅可以提升个人的社会价值和幸福感，也有助于构建更加和谐、美好的社会。

道家"知足""寡欲"的财富观还倡导简约的生活方式。近年来，"极简生活""断舍离""不持有的生活之道"等概念被越来越多的人熟知，也有越来越多的人开始从方方面面探索自己的"极简"之道。"极简主义"（minimalism）一词来源于20世纪初艺术绘画领域，讲求打造简单、整洁、简约的极致美感，实现对纯粹心灵境界的追求。老子《道德经》中的"万物之始，大道至简，衍化至繁"，也道出了去繁从简、返璞归真的人生境界。可以说，缘起于西方的极简主义与中国道家的"知足"与"寡欲"思想不谋而合。极简的生活方式强调减少对物质的追求和拥有，注重生活的品质和内涵。通过极简生活，我们可以减轻物质的压力和束缚，让心灵得以自由飞翔。同时，极简生活也有助于保护环境和资源，实现可持续发展。

二、经济上主张"无为而治"

"无为而治"出自《道德经》，是道家的治国理念。《道德经》的思想核心是"道"，"道"是无为的，但"道"有规律，以规律约束宇宙间万事万物运行，万事万物均遵循规律。引申到治国，"无为而治"即以制度（可理解为"道"中的规律）治国，以制度约束臣民的行为，臣民均遵守法律制度。

（一）理论释义

老子说"道常无为而无不为"，认为"道"作为宇宙本体，自然而然地生成天地万物，故就其自然而然来说，称之"无为"；就其生成万物来说，又称之"无不为"。无为与有为是中国哲学中的一对核心范畴，最早由老子提出，用以说明顺其自然与人为的辩证关系。在老子的哲学中，"无为"指的是道的自然而然、无目的性的作用方式，即不强行干预事物的自然发展；"无不为"则是指这种看似无为的方式实际上能够成就万物。

"无为而治"强调的是在治理国家、管理事物或处理人生问题时，应遵循自然规律，不强行干预，让事物按照其内在本性自由发展。具体来说，"无为"并非指什么都不做，而是指不违背自然规律，不强行施加人为意志，通过最少的干预达到最佳的效果。在道家哲学中，"道"是宇宙万物的本源和规律，而"无为"便是顺应"道"的自然法则。将这种思想应用到治国理政上，就是要求统治者尊重民众的自然属性和发展需求，减少不必要的行政干预，让社会在自我调节中达到和谐稳定。同时，"无为而治"也强调以身作则、"不言之教"的重要性，即统治者应通过行为示范和道德感召来影响民众，实现社会的自我管理和自我完善。

（二）文化影响

"无为而治"作为道家思想的重要组成部分，对中国传统文化产生了深远的影响。儒家思想虽然以仁、义、礼、智、信为核心，但在治理国家时也提倡使用适度宽松的手段，与"无为而治"有相通之处。例如，孔子提出的"己所不欲,勿施于人"等原则,都体现了对他人权利的尊重和对自然规律的顺应。

"无为而治"不仅是中国古代政治哲学的重要理念之一,也渗透到了社会生活的各个领域,如经济、文化、教育等。历朝统治者"无为而治"的经济主张体现在实行休养生息政策、推行轻徭薄赋和鼓励自由竞争等方面。在汉朝初年,统治者采用了黄老之学的治国理念,实行休养生息政策。这一政策主张减少政府对经济的干预,让民众在和平稳定的环境中发展生产,从而迅速恢复国力。这种政策在实践中取得了显著的成效,为汉朝的强盛奠定了基础。汉武帝刘彻是"无为而治"思想在中国历史上的杰出代表之一。他尊崇孝义、礼法、忠信等传统美德,推行轻徭薄赋的政策,加强中央集权,实现了社会稳定和经济繁荣。

在中国古代社会,推行轻徭薄赋的政策是统治阶级"无为而治"治国理念的重要体现。国家减轻民众的赋税负担,民众就有更多的收入用于生活和发展。例如,在汉朝初年,刘邦实行了"十五税一"的田税政策,大大减轻了民众的负担,为民众的生产和生活提供了有力支持。除了减轻赋税,国家还减轻了民众的徭役负担。政府会尽量降低对民众的强制劳动要求,让民众有更多的时间和精力从事生产活动。在"无为而治"的理念下,统治者还反对奢侈浪费,提倡节俭治国。这种政策有助于减少政府的开支，从而为减轻民众负担提供更大的空间。

虽然"无为而治"本身并未直接鼓励自由竞争，但其核心理念中蕴含着对自由竞争的支持和推动。"无为而治"强调政府应该减少对市场的干预，让市场机制自由发挥作用。这种政策有助于激发市场活力，促进自由竞争的形成和发展。在"无为而治"的治国理念下，政府会尊重和保护私有产权，为私有经济的发展提供有力保障。这种政策有助于激发民众的创业热情和创新精神，从而推动自由竞争的不断深入。

通过轻徭薄赋和减少政府干预等措施，"无为而治"促进了经济的繁荣和发展。经济繁荣又为自由竞争提供了更加广阔的空间和更加有利的条件，从而推动市场不断壮大和完善。

（三）实践启示

"无为而治"的理念不仅具有深远的文化意义，还为现代社会的治理和发展提供了有益的启示。在借鉴"无为而治"理念时，需要从政府治理、企业管理和个人生活等多个层面进行实践和应用。

在政府治理层面，政府应尽量减少烦琐的审批程序和行政干预，为企业和个人提供更为便捷的服务；通过简化管理流程，降低制度性交易成本，激发市场活力和社会创造力。这是"无为而治"中减少人为干预、顺应自然规律的重要体现。除了简政放权，法治建设也不可或缺。政府应依法行政，避免权力滥用，让社会成员在法治的轨道上自由发展。法治是"无为而治"得以实现的重要保障。此外，政府应维护市场秩序，打击不正当竞争等违法行为，让市场机制在资源配置中发挥决定性作用。同时，通过政策引导和支持，促进产业升级和创新发展。

在企业管理层面，企业领导者应给予下属充分的授权和信任，让员工在职责范围内自主决策、自主管理。这有助于激发员工的积极性和创造力，提升企业的整体效能。这是"无为而治"在企业管理中的具体实践。企业文化是"无为而治"在企业管理中的精神支柱，企业应当建立积极向上的企业文化，强调团队合作、创新和诚信等价值观。通过文化引领，形成员工共同认可的行为准则和价值追求，促进企业的持续发展。再者，企业应制订科学合理的长期发展规划，避免做出短期行为和盲目扩张。通过战略引领，确保企业在激烈的市场竞争中保持稳健的发展态势。

个人也应顺应自然规律，保持身心健康，注重饮食起居的调节，合理安排工作和休息，避免过度劳累和养成不良生活习惯。这是"无为而治"在个人生活中的具体体现。面对生活中的困难和挑战,应保持平和的心态,不骄不躁、不怨不艾。通过积极的心态调整,增强自身的抗压能力和适应能力。通过自我提升,增强自身的竞争力,为个人的成长和发展奠定坚实基础。自我提升是个人成长的内在动力。

三、主张"逍遥"与"至乐"

道家不崇尚个体的财富追求,而主张在物质上安贫知足,把主要追求放在心灵的富足上。安贫知足的理念在道家学说中多有阐述,如道家经典《道德经》中强调的"知足不辱,知止不殆",以及《庄子》中对于"逍遥"与"至乐"的论述,它们都体现了道家对精神自由的追求高于对物质财富的追求。道家认为,过多的物质追求会让人陷入无尽的欲望,而精神的富足和内心的平静才是幸福的所在。

(一)理论释义

在庄子的笔下,"逍遥"是一种随心而为、不受拘束的心灵状态,是追求无条件的精神自由的表现。它不仅仅是对外在世界的超脱,更是对内心束缚的解脱,追求的是一种精神上的绝对自由。在《逍遥游》等篇章中,庄子通过寓言故事,描绘了大鹏鸟自由翱翔、游鱼在水中自在游弋等场景,以此来象征心灵的自由与解放。庄子的"逍遥"思想激发了后世许多哲学家和文人墨客对自由精神的向往和追求,成为他们的精神世界的重要支撑。

在庄子的哲学中,"至乐"指的是精神上的最高境界的快乐。它不同于世俗的感官快乐或物质享受,而是一种超越物质束缚、追求精神自由的快乐状态。庄子认为,"至乐"来自对生命的深刻理解和体悟,以及对自然规律的顺应和尊重。当个体能够摆脱世俗的束缚和执念,与自然和谐相处时,就能体验到这种至高无上的快乐。庄子的"至乐"思想让人们开始思考快乐的真正含义和来源,不再只是追求物质上的满足和感官上的刺激,而是更加注重精神上的富足和自由。

(二)文化影响

"逍遥"与"至乐"作为庄子哲学的核心观念,对中国古代哲学思想产生了深远影响。"逍遥"为中国古代哲学增添了对自由、超脱等维度的思考,使得古代哲学的内涵更加丰富和多元。"至乐"推动了中国古代哲人对人性、生命、宇宙等问题进行深入思考和探讨,促进了哲学思想的不断深化和发展。儒家在一定程度上融合了道家的"逍遥"与"至乐"思想。儒家在强调社会秩序和人伦关系的同时，开始关注个体的内心体验和情感修养，借鉴道家的自然主义观念，提倡顺应自然、追求真我。这种融合使得儒家在关注社会和谐的同时，也注重个体的内在世界和心灵自由。儒家逐渐认识到人与自然的紧密联系，强调人与自然和谐共处。这种观念与道家的"天人合一"思想相呼应，使得儒家在治国理政、个人修养等方面更加注重对自然规律的尊重和顺应。

庄子的哲学思想，尤其是关于自由、超脱、人与自然的和谐等观念，对后世的文学艺术创作产生了深远的影响。首先，庄子的思想为文学创作提供了丰富的主题和灵感。他的作品，如《逍遥游》《齐物论》等，通过寓言、象征等手法，探讨了人生的意义、自由的追求、自然的奥秘等深刻问题。这些主题不仅启发了后世文人墨客，使他们对生命、宇宙、自然等宏大议题生发思考，也促使他们在文学创作中不断探索和表达这些主题。其次，庄子的思想对文学艺术风格的形成有着重要影响。他追求自然、质朴、超脱的艺术境界，反对矫揉造作的文风。这种追求自然、真实、自由的艺术风格，在后世文学艺术创作中得到了广泛体现。例如，在诗歌领域，唐代诗人李白就深受庄子思想的影响，他的诗歌豪放不羁、自然流畅，充满了对自由精神的向往和追求；在绘画领域，文人画强调笔墨的自然流露和情感的真挚表达，与庄子的艺术追求相契合。再次，庄子的寓言、象征等手法对后世文学艺术创作产生了深远影响。他通过寓言故事来阐述深奥的哲理，使得抽象的思想变得生动具体、易于理解。这种创作手法在后世文学作品中得到了广泛应用和发展。例如，《聊斋志异》等志怪小说就借鉴了庄子的寓言手法，通过奇幻的故事情节来反映社会现实和人生哲理；在现当代，许多作家也运用寓言、象征等手法来表达自己的思想和情感。最后，庄子的思想还提升了文学艺术的审美观念。他强调"道"的重要性，认为"道"是宇宙万物的本源和规律，也是文学艺术的最高境界。这种对"道"的追求使得文学艺术创作不再局限于对形式美的追求，而是更加注重对内在精神世界的探索和表达。这种审美观念的提升使得文学艺术作品具有了更加深邃的思想内涵和更加广阔的审美空间。

庄子的思想不仅对中国文学艺术领域产生了深远影响，还通过跨文化交流与传播，对世界文学艺术产生了积极影响。他的思想被翻译成多种语言传播到世界各地，为不同文化背景的作家、艺术家提供了独特的创作灵感和思考角度。例如，在欧美文学中，一些作家就受到了庄子思想的影响，在作品中表达了对自由、自然、和谐等主题的深刻思考。

（三）实践启示

"逍遥"与"至乐"作为庄子哲学的核心观念，在现代社会中具有很高的应用价值。在现代社会中，人们面临着巨大的生存压力和沉重的心理负担。庄子的"逍遥"思想提倡摆脱物质欲望的束缚，追求精神上的自由和心灵的解脱。这种思想可以帮助人们学会放下执着，放慢脚步，以更加积极的心态面对生活，从而缓解精神压力，提升生活质量。同时，"逍遥"思想鼓励人们超越现实束缚，追求自我实现和内心自由。这种思想可以激励个人不断突破自我限制，勇于尝试新事物，实现个人潜能的最大发挥。此外，"逍遥"思想还强调人与自然和谐共处。在现代社会，这一思想对推动可持续发展、构建生态文明具有重要意义。它提醒人们要尊重自然、顺应自然规律，实现人与自然的和谐共生。

庄子认为"至乐无乐"，即真正的快乐并非来自外在的物质享受或感官刺激，而是源于内心的平静与满足。首先，这一思想对现代社会中普遍存在的物质主义倾向具有批判意义。它引导人们重新审视快乐的本质，追求更高层次的精神愉悦和心灵满足。其次，庄子的"至乐"思想还体现在对生死的坦然态度上。他认为生死是自然规律的一部分，不应过分忧虑或恐惧。这种生死观有助于人们更加理性地面对生死问题，减轻对生死的焦虑和恐惧。再次，在日常生活中，

"至乐"思想鼓励人们珍惜当下,享受生活中的每一个瞬间。它提醒人们不要过分追求未来的目标或沉迷于过去的回忆,而忽略了现在的美好。有了这种心态,人们可以更加充分地体验生活的乐趣和意义。

在现代社会的快节奏生活中,"逍遥"与"至乐"思想为人们提供了一种新的生活方式和思考方式。它们鼓励人们放慢脚步,反观内心,追求真正的幸福和满足。这种生活实践不仅有助于个人的精神成长和心理健康,也有助于社会的和谐稳定和可持续发展。将"逍遥"与"至乐"思想相结合,可以引导人们在追求个人自由和精神愉悦的同时,也关注社会责任和公共利益。这种融合有助于构建既充满个性又和谐共处的社会环境。因此,我们应该积极学习和借鉴庄子的思想精华,以更加积极、健康、理性的态度面对生活和社会。

第四章　春秋战国时期法家财富观

法家是中国历史上一个重要的思想流派，以法治为核心理念。法家在其发展历程中涌现出多位杰出的代表人物，他们对法家思想的传承和实践做出了重要贡献。例如，战国初期魏国的著名政治家、法学家李悝，战国时期秦国著名政治家、改革家商鞅，战国时期韩国的政治家、思想家申不害，战国末期韩国的王族公子韩非，秦朝著名的政治家、文学家和书法家李斯，此外还有吴起、慎到，等等。法家的财富观在古代中国思想体系中占据重要地位，它深受法家学派的核心思想影响，强调权力、秩序和实用性。法家认为人性本恶，且人天生具有自私和求利的本性，求利的本性会驱使人们通过各种途径追求财富。然而，法家并不主张对人们的求富行为放任自流，而是强调通过法律、制度等手段对其进行规范和引导。总体而言，法家强调财富的获取必须通过合法途径，即符合国家和社会的法律法规；非法所得不仅不被认可，还会受到法律的制裁。法家注重财富的实用性，认为财富应当被用于满足人们的实际需求,促进社会经济的发展。他们反对奢侈浪费,主张节俭持家。

一、主张国富先于民富

法家认为,国家富强是实现社会稳定、经济发展和军事强大的基础,而民众的富裕是国家富强之后的自然结果。法家强调国家的整体利益高于个体或阶层的利益,他们认为国家富强是国家治理的首要目标。国家只有强大了,才能有效地抵御外敌入侵,维护国内秩序,推动社会进步,并最终实现民众的富裕。因此,在法家的思想体系中,国富先于民富被视为一种合理的、必要的政策选择。

(一)理论释义

虽然法家著作未直接提及"国富先于民富"这一表述,但其思想中蕴含着对这一问题的深刻思考。法家虽然重视农业生产和民众财富的增加,但其核心目标在于实现国家的富强。在法家看来,国家富强是首要任务,民众的富裕则是实现国家富强的基础和手段。但这并不意味着法家忽视民众的利益,法家是将民众财富的增加视为国家富强的必要条件之一。例如，商鞅在秦国变法时，推行了一系列富国强兵的政策。他通过废除井田制、推行土地私有制、奖励耕战等措施，增加了国家的粮食产量和财政收入。实行这些政策的直接目的是增强国家的经济实力和军事实力，从而在争霸战争中占据有利地位。

法家认识到"国富"与"民富"之间存在着辩证关系。一方面，国家的富强依赖民众的支持和贡献；另一方面，民众的富裕也需要国家的保障和引导。因此，法家在追求"国富"的同时，也注重实现"民富"，努力在两者之间找到平衡点。在政策实践上，法家通过一系列改革措施来推动"国富"与"民富"的实现。例如，商鞅在秦国推行土地私有制、奖励耕战等，这些政策提高了农民的生产积极性和生活水平。同时，法家还注重加强国家对经济的管理和调控，防止经济秩序混乱和贫富差距过大。

（二）文化影响

法家思想自诞生以来，就明确将富国强兵作为其核心目标。《管子》《商君书》等法家经典著作均强调了国家富强的重要性，认为这是国家生存和发展的根本保障。这种思想在当时的历史背景下具有极强的现实针对性，也为后世提供了宝贵的理论资源。

为了实现国家富强的目标，法家主张进行变法革新，通过制定和执行一系列法律法规来推动社会经济和政治制度的变革。这种思想在秦国得到了充分的实践，商鞅变法便是其中的杰出代表。变法革新的成功实施，不仅使秦国迅速崛起为战国七雄之首，也为后世的政治改革提供了重要的借鉴和启示。法家强调发展生产和商业活动以增加国家财富。在法家思想的指导下，秦国实行了重征商税政策，通过提高农业生产效率、重征商税等措施来积累国家财富。这些政策的实施促进了社会经济的发展，为国家富强奠定了坚实的物质基础。法家认为强大的军事实力是国家富强的重要保障。因此，他们主张通过军事改革和军事扩张来增强国家的军事实力。在秦国的实践中，这种思想得到了充分的体现。秦国不断通过对外战争和领土扩张，最终实现了统一六国的伟大事业。

法家思想对中国传统政治文化产生了深远的影响。在法家思想的指导下，中国历史上形成了独特的专制主义中央集权制度。这种制度在维护国家统一和稳定方面发挥了重要作用，但也存在一定的弊端和局限性。法家思想对后世思想家产生了深远的影响。例如，汉代的董仲舒在融合儒家和法家思想的基础上提出了"罢黜百家，独尊儒术"的主张；宋代的王安石则继承了法家思想中的重农抑商和官营买卖等政策,以推动国家富强。此外,法家关于"国富"与"民富"的辩证思考,与儒家等学派的思想形成鲜明对比,丰富了古代中国的思想宝库。这种独特的价值观给后世学者和政治家思考国家与民众的关系、财富分配等问题提供了重要参考。

(三)实践启示

法家将国家富强置于首要地位的理念在现代社会中依然具有重要的启示意义。在现代社会,法家的财富观提醒我们,在追求国家富强的同时,也要关注民众的利益和福祉。政府应制定合理的经济政策,确保国家财富的增长能够惠及广大民众,实现国富与民富的良性循环。法家思想强调以法治国,认为法律是维护社会秩序和国家稳定的基石。在现代社会中,依法治国同样是实现国家富强和长治久安的重要保障。通过建立健全法律体系,确保法律的公正、公平和有效执行,可以维护社会的和谐稳定,为经济发展创造良好的环境。法家思想中的法治理念与现代市场经济的发展密切相关。在市场经济条件下,法治是保障公平竞争、维护市场秩序的重要手段。通过法治手段规范市场行为,打击不正当竞争等违法行为,可以保护市场主体的合法权益,激发市场活力,推动经济持续健康发展。

法家思想将国家富强置于首要地位,体现了对国家整体利益的重视。在现代社会中，同样需要坚持国家利益高于一切的原则，以国家富强和人民幸福为最高追求。在处理国内外事务时，需要始终把国家利益放在首位，坚决维护国家核心利益。在现代社会中，需要凝聚全社会的智慧和力量，共同推动国家富强的进程。通过加强宣传教育、弘扬主旋律、传播正能量等方式，可以激发人们的爱国热情和奋斗精神，形成推动国家富强的强大合力。法家思想主张通过变法革新来推动国家富强。在现代社会中，面对复杂多变的国内外形势，需要保持勇于变革的精神，敢于突破传统观念和体制机制的束缚，不断推进改革创新。通过改革创新，可以激发社会活力，提高国家竞争力，推动国家富强的进程。法家虽然没有直接提出"人才强国"的战略，但其重视人才的思想在现代社会中得到了充分的体现。人才是国家富强的关键，是推动经济社会发展的重要力量。因此，需要加大对人才的培养和引进力度，建立健全人才激励机制，为人才成长和发展提供良好的环境和条件。

二、强调农业为国强之根本

在春秋战国时期，法家的财富增长思想也体现在对农业生产的重视和土地的有效利用上。韩非子在《韩非子·难二》中提道:"富国以农,距敌恃卒。"这句话直接点明了农业对国家富强和军事防御的重要性。法家在研究历史时发现,那些重视农业发展的国家往往能够保持稳定和繁荣,而那些忽视农业发展的国家往往陷入动荡和衰落。因此,商鞅、韩非子等都对"富国以农"的理念有深刻的见解,并且制定了具体的政策措施。

(一)理论释义

农业是国民经济的基础产业,为人类社会提供最基本的生活资料,如粮食、棉花、油料等。物资是人民生存和发展的必要条件,也是国家财富的重要来源。《商君书·壹言》中提到:"国之所以兴者,农战也。"商鞅明确指出,农业和军事是国家强盛的两大支柱。在战国时期,各国之间战争频繁,军事力量的强弱直接关系到国家的存亡。因此,商鞅认为,通过发展农业和强化军事力量,可以实现国家的富强。农业为军事提供了必要的物质基础,强大的军事力量则是国家安全的保障。这一策略体现了法家对国家综合实力的高度重视。

商鞅在秦国的变法实践中提出了"农战"政策,其中在农业方面的措施包含以下几点。第一,商鞅通过发布命令,奖励人们开垦荒地。他提出了多种办法，涉及地税制度、商品税制度、徭役制度、刑罚制度等，旨在提高农民的劳动热情，增加耕地面积。第二，商鞅实行较低的税率——不到5%，远低于当时普遍执行的10%的税率。他同时规定，凡是努力从事耕织的劳动者，生产粮食布帛多的，可以免除其徭役赋敛。这一措施大大减轻了农民的负担，促进了农业生产的扩大。第三，商鞅改革了军赋征收制度，由过去的"因地而税"改为"舍地而税人"，即实行定额、定期、按人征收军赋的办法。这一改革消除了增加垦地会加重军赋负担的顾虑，提高了人们开垦荒地、扩大耕种面积的积极性。第四，商鞅认为农民劳动辛苦但收益少，这对农民的积极性是一种打击。因此，他采取了提高粮食价格的政策，这既体现在国家对粮食的收购价格上，也体现在销售价格上，即采取高进高出的政策，以激励农民生产更多的粮食。

（二）文化影响

商鞅提出的"国之所以兴者，农战也"这一观点，不仅是对战国时期政治和军事思想的一种总结和提炼，也是对中国古代国家治理理念的一种深刻阐述。它不仅影响了国家战略、社会结构和文化思想等方面的发展演变，还对中国古代乃至近现代的经济、政治和文化产生了重要的影响。

商鞅强调农业是国家的根本，这一思想为后世历朝历代所继承和发展。中国古代社会长期实行重农抑商政策，农业被视为国家经济的基础，农民被视为国家的主要生产者。这种思想一直延续到封建社会末期，对中国古代经济的发展产生了深远的影响。同时，商鞅认为战争是国家强大的重要手段，这一观点也影响了后世的国家战略。在许多历史时期，中国都注重加强军事建设，提高军队的战斗力，以保卫国家的安全和领土完整。同时，军事力量也被视为国家实力和地位的象征。尤其是商鞅通过实行军功爵等制度，打破了世卿世禄制，使得农民和士兵有机会通过自己的努力获得官职和爵位。这一制度促进了社会阶层的流动，激发了人们的积极性和创造力。

商鞅的思想和主张在后世得到了广泛的传播和发展。法家思想强调法治、重农抑商和富国强兵等，对中国古代的政治、经济和文化产生了深远的影响。商鞅在变法期间推行的许多政策与儒家思想存在冲突和矛盾。例如，重农抑商政策与儒家思想中的重义轻利观念相悖，军功爵制打破了儒家思想中的等级制度和社会秩序。但这些冲突和矛盾也推动了后世思想文化的多元发展和相互融合。商鞅变法通过奖励耕织、减轻农民负担等措施，促进了农业生产的发展，农业生产的发展为国家的稳定和繁荣提供了重要的物质基础。商鞅变法中的重农抑商政策在一定程度上抑制了商业的发展。然而，从长远来看，这种政策也促进了农业与商业的平衡发展，为后世商品经济的兴起奠定了基础。

（三）实践启示

商鞅强调农业是国家的根本，这一思想不仅在当时具有重要意义，对现代社会同样具有深远的现实启示。在当今社会，尽管新兴产业、未来产业蓬勃发展，但农业的基础地位依然不可忽视。农业的稳定发展可以为第二、三产业提供必要的原材料和市场，促进经济的全面发展。商鞅强调农业的重要性，首要的就是保障粮食安全。在现代社会，粮食安全依然是国家安全的重要组成部分。只有确保粮食生产的稳定和自给自足，才能有效应对各种外部风险和挑战。

商鞅通过一系列政策扶持农业发展，如废除井田制、允许土地自由买卖、奖励耕织等。现代国家也应通过政策扶持来引导农业的发展，如提供农业补贴、优化农业产业结构、加强农业科技研发等。商鞅重视农民的作用，通过政策激励农民积极从事农业生产。现代社会也应提高农民的社会地位，保障农民的基本权益，激发农民的生产积极性。虽然商鞅变法未直接涉及农业技术创新，但现代社会应高度重视农业技术的创新和应用。通过推广先进的农业技术和装备，提高农业生产效率和质量，推动农业现代化进程。在强调农业发展的同时，应注重生态环境的保护，实现农业与环境的和谐共生。推动农业绿色发展、循环发展，保障农业资源的可持续利用。

三、主张"弱民"与重税政策

《商君书·弱民》中有言："民弱国强，国强民弱。故有道之国务在弱民。"韩非子亦强调："重税以困之，使其足以自养，而不致于为非。"法家所谓的"弱民"并非字面意义上的削弱民众，而是指通过法律和制度使民众守法、勤勉，从而增强国家的整体力量。重税政策则是实现国家富强和"弱民"的重要手段。但这一政策的实施也需适度，以避免过度剥削导致民不聊生。

（一）理论释义

法家主张"弱民"，是从国家治理的角度出发，通过一系列政策和手段，使民众保持对国家的依赖和服从，以便更好地实现国家意志。法家认为，民众过于富裕和强大可能会威胁到国家的统治，因此需要通过重税、徭役等手段来限制民众的财富积累和社会地位提升，使民众在物质和精神上处于相对贫弱的状态，更容易被国家控制和利用。

法家认为，重税是实现国家富强和"弱民"的重要手段。通过征收高额的赋税，国家可以大量集中财富和资源用于军事、政治和基础设施建设等方面，从而增强国家的综合实力。同时，重税也可以限制民众的财富积累和消费能力，防止民众因过于富裕而产生反抗心理或做出反抗行为。法家学者还认为，重税之下人人贫困，这将使大家加倍努力，始终保持进取之心，有利于国家的长期发展。

法家虽然整体上倾向于实施重税政策，但并非一味主张重征。例如，商鞅在推行变法时，注意税收的适度性；韩非子在《韩非子·五蠹》中批判了"重赋伤民"的行为。法家认为，税收是国家财政收入的重要来源，但过度征税会损害民众的利益，进而引发社会不满和动荡。因此，他们主张在保持税收稳定的同时，也要考虑民众的承受能力，避免重征暴敛。

（二）文化影响

"故有道之国务在弱民"这一理念的核心，在于通过一系列政策手段使民众在精神上变得顺从，从而易于被统治和管理，以达到使国家强盛的目的。这一理念对后世产生了深远的影响。

　　商鞅的"弱民"思想强调了国家与民众之间的对立关系，为了国家的强大，必须削弱民众的力量。这种思想在后世被一些统治者借鉴，用于加强中央集权，确保国家政令畅通无阻。当然，"弱民"思想在一定程度上强化了社会阶层的固化，使得底层民众难以通过个人努力改变自身命运。这种现象在后世一些社会中依然存在，对社会的公平性和流动性造成了负面影响。长期受到"弱民"思想的影响，民众可能会形成一种逆来顺受、缺乏独立精神和自由思想的心理状态。这种心理状态不利于社会的进步和发展，因为它会抑制民众的创造性和创新精神。

　　"弱民"思想下的经济政策往往倾向于单一化，即过分强调农业生产而忽视其他经济部门的发展。这种单一化的经济结构不利于经济的多元化和可持续发展。商鞅变法中重视农业发展、抑制商业发展的政策对后世产生了深远影响。这种政策在后世被多次采用，形成了"以农为本"的传统观念，在一定程度上限制了商品经济的发展和市场经济的繁荣。此外，商鞅的"弱民"思想与儒家的"仁爱""民本"等观念存在冲突。这种冲突在后世得到了延续和深化，形成了不同学派之间的思想争鸣和观念碰撞。

(三)实践启示

"故有道之国务在弱民"这一理念,虽然源自古代法家思想,但其对现实社会仍有一定的启示意义。需要再次强调的是,这里的"弱民"并非字面意义上的削弱民众,而是指通过某种方式使民众在精神上更加顺从和更易于管理,以达到国家稳定和发展的目的。

首先,国家治理需要平衡与调和。商鞅的"弱民"思想在一定程度上强调了国家与民众之间的对立关系,但在现代社会中,这种对立关系应该被调和与平衡。国家治理应寻求国家利益与民众利益的和谐统一,避免过度强调一方而忽视另一方。国家治理不应依赖于单一的强制手段,而应结合法律、经济、文化等多种手段,实现治理方式的多元化和科学化。通过多元化的治理手段,可以更好地满足不同群体的需求,增强社会的凝聚力和稳定性。

其次,政府要重视法治与民主建设。商鞅提出以法治国,这对现代社会仍具有重要意义。法治是保障社会秩序和公平正义的基石,国家应不断完善法律体系,加强法律执行力度,确保法律面前人人平等。在强调法治的同时,还应积极推动民主建设。民主是保障人民权利和自由的重要手段,应不断扩大人民参与政治、经济、文化等事务的渠道和途径,促进社会的民主化和进步。

再次，政府要关注民众心理与需求。在治理过程中，应关注民众的心理状态和需求变化。通过心理疏导和引导，帮助民众树立正确的价值观和人生观，增强民众的归属感和认同感。同时，也要关注弱势群体的权益保护，为他们提供更多的帮助和支持。通过教育、文化等手段提高民众的整体素质，使民众具备更强的自我约束能力和社会责任感。这样不仅可以减少社会问题的发生，还可以提高社会的整体文明程度。

第五章　春秋战国时期墨家财富观

　　春秋战国时期，社会动荡不安，各诸侯国为了争夺霸权而不断征战。在这样的背景下，墨子提出了"兼爱""非攻"等主张，希望通过和平的方式解决争端，实现社会的和谐与稳定。墨子的财富观贯穿于他的多篇著作之中，主要体现在对物质财富生产、分配、消费、交换等方面的深刻理解和独特见解上。墨子重视物质财富生产，提倡"节用"，还认识到社会分工对提高生产效率的重要性。此外，墨子的财富观还体现在他对税收政策的看法上。他反对为了奢侈享受而向百姓征收重税的行为，主张税收应该合理且用于公共事业和改善民生。虽然他没有直接说出"取之于民，用之于民"这句话，但他的思想和实践都体现了这一原则。

一、强调"尚贤节用"的理念

墨子主张"节用",反对奢侈浪费。他认为应该通过节约开支来积累财富:"财不足则反之时,食不足则反之用。故先民以时生财,固本而用财,则财足。"(《墨子·七患》)他强调通过合理的时间安排和节约用度来确保财富的持续增长。

(一)理论释义

墨子的"节用"思想是其经济思想的重要组成部分。这一思想深刻反映了墨子对资源利用、社会公平以及国家治理的独到见解。节用,即节约开支、节制消费,这是墨子经济思想的核心原则。墨子认为,国家的富强和人民的幸福离不开对资源的合理利用和有效管理。他强调在生产和消费过程中要遵循"物尽其用"的原则,避免无谓的浪费和奢侈。

墨子在《节用篇》中详细阐述了如何在日常生活中实践节用思想。他提出,衣服应该轻便、保暖、合身,不必过于华丽;食物应该满足基本需求,不必追求珍馐美味;居所应该遮风避雨、保暖防寒,不必过于奢华;交通工具应该安全、实用,不必追求华丽和速度。在军事和防御方面,墨子也主张节用。他认为，武器和防御设施应该实用、有效，不必过分追求装饰和华丽。同时，他反对不必要的战争和扩张，认为这会导致资源的浪费和人民的痛苦。墨子还注重通过社会风气来推动节用思想的实践。他认为，提倡节俭、反对奢侈浪费的社会风气，可以影响整个社会的消费观念和行为习惯。

（二）文化影响

墨家的节用思想不仅为后世的经济思想提供了重要的思想资源，也对中国社会的道德观念、生活方式和价值取向产生了深远的影响。

一方面，墨家的节用思想对历朝统治者产生了深远的影响，促使历朝统治者注重财政管理，减少不必要的开支，增加国家的财富积累。统治者们通过节约财政资源，确保国家在面临自然灾害或战争时有足够的储备来应对。墨家重视农业生产，认为农业是国家的根本。因此，节用思想也体现在对农业生产的支持上。历朝统治者通过推行节用政策，减轻农民负担，鼓励农业生产，确保国家粮食安全和经济发展。墨家节用思想要求统治者"爱民谨忠，利民谨厚"，即要体察民情，减轻人民负担。历朝统治者在一定程度上采纳了这一思想，通过减少税收、减轻徭役等措施改善民生，增强人民的归属感和满意度。节用思想还有助于维护社会稳定与和谐。统治者通过节约开支，减少奢侈浪费，可以避免贫富差距过大引发的社会矛盾和冲突。同时，节约下来的资源可以用于改善公共设施、教育、医疗等民生领域，提高人民的生活水平和幸福感。

另一方面，"节用"思想作为中华民族的传统美德之一，深深根植于中国的历史文化土壤之中。在一些朝代，墨家的节用思想被融入统治者的政治理念。例如，在某些历史时期，统治者通过制定节俭政策、推行廉政建设等措施来践行墨家的节用思想，以增强自身统治的合法性和权威性。东汉哲学家王充继承了墨子的"节葬"思想，反对由于汉王朝最高统治者倡导以"孝"治天下而弥漫于两汉时代的厚葬之风。这表明墨家的节用思想在汉朝仍具有一定的影响力。清代思想家颜元也受到墨子的影响，在自己的哲学思想中融入了墨家的唯物论经验主义传统。这进一步证明了墨家节用思想在中国古代思想史上的重要地位和深远影响。

（三）实践启示

节用思想对现代社会具有多方面的启示，这些启示在当今世界面临资源紧缺、环境污染和消费主义泛滥等挑战时显得尤为重要。

首先,节用思想强调节约资源和对资源进行有效利用,这对推动社会的可持续发展具有重要意义。在现代社会,随着人口的增长和经济的发展,人类对资源的需求不断增加,而许多资源是有限的。墨子强调"节用而爱人",即在使用资源时要考虑其合理性和可持续性。他认为,资源的有限性要求人们必须珍惜并合理利用每一份资源,避免无谓的浪费。这一思想对现代社会来说仍具有重要的指导意义。在环境保护的语境下,合理利用资源意味着要优化资源配置,提高资源利用效率,减少对自然资源的过度开采和消耗。因此,通过实践节用思想,减少浪费,提高资源利用效率,是实现可持续发展的关键。

其次,节用思想有助于培养人们的理性消费观念。墨子主张"尚贤节用",也就是满足基本生活需求即可,不应过分追求奢华和享受。他认为,人们的生活需求应被限定在合理的范围内,以维持基本的生存和发展。墨子严厉批评了当时的奢侈浪费之风,认为过度消费是资源枯竭和环境破坏的重要原因之一。他提倡简朴生活,反对无节制的物质追求。这一观点与现代环保理念不谋而合,即倡导理性消费、绿色消费,减少浪费和污染。理性消费观念有助于减轻个人和社会的经济负担,促进经济的健康发展和环境的可持续发展。

最后，节用思想还强调对环境的保护。虽然墨子没有明确提出"生态意识"这一概念，但其节用思想中蕴含着深厚的生态智慧。他强调人与自然的和谐共生，认为人类应该尊重自然，顺应自然规律，合理利用自然资源。墨子的节葬思想是其节用思想在丧葬领域的具体体现。他主张薄葬短丧，反对厚葬久丧的陋习。他认为，厚葬不仅浪费了大量的资源，还破坏了生态环境。节葬思想启示我们，在环保实践中，应倡导简单、环保的丧葬方式，减少对环境的破坏。这种生态意识对我们进行环境保护、构建生态文明社会具有重要指导意义。在现代社会，我们应努力实现生产与消费的平衡发展，避免过度生产和消费对环境造成负面影响。

二、强调财富的来源是劳动生产

墨子认为物质财富生产是国家稳定的根基，他说："凡五谷者，民之所仰也，君之所以为养也。故民无仰则君无养，民无食则不可事。故食不可不务也，地不可不力也，用不可不节也。"（《墨子·七患》）他认为五谷是百姓赖以生存的根本，也是统治者维系国家的基础。因此，墨子主张大力发展生产，认为这是保证国家长治久安和百姓生存的基础。

（一）理论释义

墨子明确指出，人类与动物的主要区别在于人类需要依靠自己的劳动来生存。他提出："今人固与禽兽麋鹿、蜚鸟、贞虫异者也……今之禽兽麋鹿、蜚鸟、贞虫，因其羽毛以为衣裘，因其蹄蚤以为绔屦，因其水草以为饮食。故唯使雄不耕稼树艺，雌亦不纺绩织纴，衣食之财固已具矣。今人与此异者也，赖其力者生，不赖其力者不生。""赖其力者生，不赖其力者不生"的观点强调只有通过劳动，人类才能获取生活资料，满足生存需求。动物则不同，它们大多依靠自然界提供的条件生存，无须进行复杂的劳动。因此，墨子认为生产劳动是人类特有的属性，是人类社会产生和发展的基础。

墨子不仅将生产劳动视为人的特有属性，还指出劳动是获取财富、享受财富的唯一正当的源泉。他认为，只有通过劳动，人们才能创造出各种物质财富，满足社会生产和生活的需要。因此，他鼓励人们积极参与生产劳动，提高劳动生产率，以增加社会财富。这种观念体现了墨子对劳动价值的深刻认识和对社会经济发展的高度重视。在墨子看来，生产劳动不仅是个人生存的需要，更是维系国家和百姓生存的基础。他提出"财用是维系国家和百姓生存的基础"，并称之为"本"。这一观点反映了墨子对国家经济安全的关注和对百姓生计的关心。他认为，只有大力发展生产劳动，提高社会生产力，才能确保国家稳定和百姓安居乐业。墨子还认为，生产劳动体现了人的尊严和价值。他反对儒家将生产劳动视为"小人"之事的观点，主张无论是君子还是小人，都应该通过劳动来体现自己的价值和尊严。这种思想在当时的社会上具有极大的进步意义，它打破了社会阶层的界线，推动形成了人人平等参与劳动的社会风气。

（二）文化影响

墨子"赖其力者生，不赖其力者不生"的观点对后世产生了广泛而深远的影响。它不仅强调了劳动的价值和重要性，还促进了经济发展，推动了社会进步，弘扬了人文精神。

一方面，墨子认为，人类必须依靠自己的劳动才能生存，这与儒家等学派轻视劳动的观念形成鲜明对比。后人在理解劳动价值时，往往受到这一思想的影响，将劳动视为人类生存和发展的基础。墨子强调劳动不分贵贱，所有通过劳动谋生的人都值得被尊重。这一思想在一定程度上提升了劳动者的社会地位，促进了社会平等观念的发展。

另一方面，墨子认为生产劳动是社会财富的源泉，国家应鼓励人们积极从事生产劳动，以提高社会生产力。这一观点对后世经济政策产生了积极影响，推动了农业、手工业等产业的发展。墨子将物质生产视为人类生存和发展的前提条件，这一观念引导后世在经济发展中更加注重物质基础的建设和积累。墨子通过"赖其力者生"的观点强调了人的主体地位，即人不是被动地接受命运的安排，而是通过自己的劳动来创造生活的。这一思想鼓励人们积极面对生活挑战，勇于追求自己的理想和目标。墨子在强调劳动价值的同时，还倡导平等与兼爱的思想。他认为人与人应该相互尊重、相互关爱，无论贫富贵贱，都应该受到平等对待。这种思想对后世构建和谐社会、推动人类文明进步具有重要意义。

（三）实践启示

"赖其力者生，不赖其力者不生"这一观点在当今社会依然具有重要的现实意义。这一观点首先提醒我们，自力更生是生存和发展的基础。在快速变化的社会环境中，个人和组织都需要具备自我驱动、自我发展的能力。只有依靠自己的努力和智慧，才能不断应对新的挑战，实现持续成长。

墨子强调劳动的价值，认为劳动是创造社会财富和个人价值的根本途径。这一观点在当今社会依然具有重要意义。它倡导了一种劳动光荣的价值观，鼓励人们尊重劳动、热爱劳动、积极参与劳动。这种价值观有助于形成积极向上的社会氛围，推动社会整体进步。"赖其力者生"还意味着我们应该珍惜自己和他人的劳动成果。在享受现代科技带来的便利和舒适时，我们不应忘记在这些便利和舒适背后付出辛勤劳动的人。我们应该尊重他人的劳动成果，避免浪费和破坏。珍惜他人劳动成果，有助于培养我们的责任感和感恩之心。

虽然墨子强调的是传统意义上的体力劳动，但他的观点同样适用于现代社会的创新和创造活动。在当今社会，创新和创造是推动社会进步的重要动力。只有不断追求创新和创造，才能在激烈的竞争中脱颖而出，实现个人和组织的可持续发展。因此，"赖其力者生"也鼓励我们勇于探索未知领域，敢于挑战传统观念，积极投身创新和创造活动。"赖其力者生"还强调了个人责任与社会责任的重要性。每个人都应该对自己的生活负责、对自己的工作负责、对自己的行为负责。同时，我们应该关注社会整体利益，积极参与社会公益事业，为构建和谐社会贡献自己的力量。个人责任与社会责任的结合有助于形成更加稳定、和谐、繁荣的社会环境。

三、强调不同领域的社会分工

墨子强调了劳动的重要性,也认识到了社会分工的必要性。他认为合理的社会分工有助于提高生产效率,推动社会进步。这一思想对后世的社会组织结构和经济发展模式产生了深远影响。

(一)理论释义

在《墨子·节用中》中,墨子提到:"凡天下群百工,轮、车、鞼、匏、陶、冶、梓、匠,使各从事其所能。"这句话明确指出了手工业内部按技术专长进行的分工,即各种工匠根据其擅长的技艺进行生产活动。此外,在《墨子》的其他篇章中,如《非乐上》等,墨子进一步阐述了社会分工的广泛性和必要性。他提到:"王公大人,蚤朝晏退,听狱治政,此其分事也。士君子竭股肱之力,亶其思虑之智,内治官府,外收敛关市、山林、泽梁之利,以实仓廪府库,此其分事也。农夫蚤出暮入,耕稼树艺,多聚叔粟,此其分事也。妇人夙兴夜寐，纺绩织纴，多治麻丝葛绪，捆布縿，此其分事也。"在这里，墨子详细描述了统治阶级与被统治阶级、脑力劳动与体力劳动、男耕女织等不同领域和层面的社会分工。

墨子的分工理论可分为统治阶级与被统治阶级的分工，如王公大人和士君子负责处理政事、管理社会，农夫和妇人则负责耕种、纺织等生产活动；政治统治的分工，如天子选择贤良有智的人为三公，协助自己治理天下，又划分诸侯国，选拔国君和各级官吏辅助自己治理；体力劳动与脑力劳动的分工，如能谈辩者谈辩，能说书者说书，能从事者从事，各自发挥所长；男耕女织的自然分工，如农夫负责耕种，妇人负责纺织，体现了古代农业社会自然经济的基本分工；手工业内部的分工，如轮、车、鞍、鲍、陶、冶、梓、匠等不同行业和专业的细分。这些分工形式体现了墨家对社会结构和劳动生产的深刻理解，也为其政治思想和社会实践提供了重要支撑。

（二）文化影响

墨子的分工理论不仅对当时的社会生产发展水平和政治状况具有重要的指导意义，对后世历朝统治者的政策制定、社会治理以及经济发展等方面都产生了积极、深远的影响。

墨子强调人们应根据自己的能力和专长分工合作，这一观念促使历朝统治者认识到明确官员职责、提高行政效率的重要性。通过合理的分工，各级政府机构能够各司其职，避免职责不清、相互推诿的现象，提高政府的执行力和公信力。墨子的分工理论还体现在社会不同阶层和职业的和谐共处上。历朝统治者借鉴这一思想，努力通过政策调整来平衡社会各阶层的利益，减少社会矛盾和冲突，从而维护社会的和谐与稳定。

墨子认为农业生产是社会的基础，他提倡农民应专注于农业生产以提高粮食产量。这一观念对历朝统治者产生了深远影响，他们纷纷出台政策鼓励农业生产，推动农田水利建设，提高农业生产技术水平，从而保障了国家的粮食安全和社会的稳定。墨子还意识到手工业和商业的重要性，他提倡手工业者"各从事其所能"，以提高产品的质量和数量。这一观念促使历朝统治者重视手工业和商业的发展，通过政策扶持和市场规范来促进这些行业的繁荣。同时，手工业和商业的发展也带动了城市的兴起和商品经济的繁荣。

墨子的分工理论强调了劳动的价值和尊严，他认为每个人都应该通过劳动来实现自我价值和社会价值。这一观念得到了历朝统治者的广泛认同和传承，形成了中国独特的劳动文化传统和尊重劳动的社会风尚。墨子的分工理论还蕴含了平等与正义的思想，他认为社会分工是基于每个人的能力和专长，而非出身和地位。这一观念促使历朝统治者注重社会公平和正义的实现，通过政策调整来保障弱势群体的权益和利益。

（三）实践启示

墨家的分工理论对当代经济具有多方面的新启示，不仅有助于优化资源配置，提高生产效率，还能促进经济的可持续发展和社会和谐。随着科技的进步和市场需求的多样化，现代经济的分工越来越细化。墨家的分工理论启示现代企业在生产过程中进行更精细的分工，以提高生产效率和灵活性。企业和个人应明确自己在产业链或市场中的定位，专注于自身的核心竞争力和专业领域，通过专业化发展来提高生产效率和产品质量。

墨家的分工理论还启示我们要注重专业人才的培养。在现代社会中，各行各业都需要具备专业技能和素养的人才来推动其发展和进步。政府和企业应加大对职业教育的投入，建立更加完善的职业教育体系，为经济发展提供高素质的劳动力。企业应根据市场需求和自身发展需要，为员工提供多样化的培训机会，帮助员工提升技能水平和综合素质。

墨家的分工理论虽然并未直接涉及性别平等，但强调根据能力和专长进行分工，对推动性别平等和多元化参与具有启示意义。在现代经济中，应消除性别歧视，鼓励女性参与各行各业的发展，发挥女性对经济发展的重要作用。除了性别平等，还应鼓励不同背景、不同文化、不同年龄层次的人群参与经济活动，推动经济的多元化和包容性发展。

第六章　春秋战国时期农家财富观

春秋战国时期，农家学派是当时社会变革和农业发展的必然产物。农家学派以农业为本，强调农业生产在国家经济中的基础地位，秉持平等劳动和物物等量交换等社会政治理念。农家虽然是一个学派，但其思想主张散见于各类古籍和文献之中，并未形成统一的、专门的著作来系统阐述其财富观。不过，我们可以从相关的历史记载和学术研究资料中提炼出农家的一些核心财富观。农家学派的财富观主要围绕农业生产与财富积累之间的关系展开。

一、将农业视为社会财富的根本来源

农家学派最为核心的观点便是将农业视为社会财富的根本来源。他们认为，土地是万物之母，农业劳动则是直接从土地中汲取养分、创造财富的过程。这种观念强调了农业生产在国民经济中的基础地位，认为只有大力发展农业，才能确保国家富强和人民安居乐业。

（一）理论释义

农家学派的创始人是战国时期著名的思想家、农学家许行，他依托远古神农氏"教民农耕"之言，主张"种粟而后食"，重视平等的劳动。由于历史久远，他的事迹和思想并没有太多资料，仅散落在《孟子》等著作中。《孟子·滕文公上》记载："有为神农之言者许行，自楚之滕，踵门而告文公曰：'远方之人，闻君行仁政，愿受一廛而为氓。'"文公与之处。其徒数十人，皆衣褐，捆屦、织席以为食。陈良之徒陈相与其弟辛，负耒耜而自宋之滕，曰：'闻君行圣人之政，是亦圣人也，愿为圣人氓。'陈相见许行而大悦，尽弃其学而学焉。"

根据推测，许行和孟子差不多同时，大概在公元前372年到公元前289年。在楚国的时候，许行一边种地，一边研究神农氏的学说。当时，滕国国君深受孟子学说的影响，经常和孟子谈论治国理政的策略，还在滕国推行"仁政"的治国方针。滕文公元年，也就是公元前332年，远在楚国的许行前往滕国拜见滕文公。他对滕文公说："听说您是讲仁爱的君主，我从遥远的地方来，希望您给间房、给块地，让我做您的子民。"那时候,许行颇有名望,所以滕文公很爽快地答应了。他赏了一处房屋,让许行和弟子一起住下来。许行的弟子有几十个人,大伙都穿着粗麻衣,以种地、打草鞋、编席子为生。没过多久,许行的"农业试验田"就搞得风风火火,吸引不少人加入了农家,其中就有儒家的门徒——陈相。根据吕思勉写的《先秦学术概论》,后来农家之学分为两派,一派专门探讨种谷树木之事,关注的是人伦日用;另一派由人伦日用进入政治。简而言之,就是有专门搞农业技术的,也有专门传播思想,试图影响高层决策的。

农家学派不仅强调农业的重要性,还深入研究了农业生产技术。他们总结了大量的农业生产经验,形成了丰富的农业知识体系。这些知识和技术被后世不断传承和发展,推动了农业技术的进步和创新。例如,在耕作制度、灌溉技术、作物栽培、病虫害防治等方面,后人取得了显著的成就。

农家学派将农业视为社会财富的根本来源,这在一定程度上促进了后世"农本商末"观念的形成,最终发展成中国传统社会的一项基本国策,得到社会普遍认同,这或许是农家在中国历史上所产生的最大影响。农家认为农业是国家的根本,商业则是末业。虽然商业对经济发展也有重要作用,但相对于农业,其地位较低。这种观念在一定程度上影响了后世的经济政策和社会结构。

（二）文化影响

实际上，先秦时代出现的诸子百家各代表一部分人的利益和思想，比如墨家代表的是手工业者的利益和思想，儒家代表的是士大夫阶层的利益和思想，农家则代表的是广大农民的利益和思想。由于中国古代是典型的农耕文明，只有满足了农民的部分利益需求，顺应了他们的思想，才能真正治理好国家。因此，虽然农家的整体影响力没那显著，但是历史上那些出色的政治家都或多或少地继承和发展了一部分农家思想。春秋时期的齐国名相管仲辅佐齐桓公九合诸侯、一匡天下，由稷下学者们集体编撰的反映管仲思想的《管子》一书就包含了各家的思想学说。一般认为，其中的《地员》一篇就是讲农家的，另外在《牧民》《权修》《五辅》《八观》等篇中，也有农家思想的体现。除了管仲，后来秦国的政治家吕不韦也明显继承了一部分农家思想。《吕氏春秋》中有不少阐述农家思想和农业技术的篇章。例如，书中提到的统一度量衡，以避免商业投机行为，明显是许行"市贾不二"思想的延伸和发展。吕不韦的具体做法是在每年的仲春和仲秋两个月，由国家统一组织人力划齐度量单位，统一衡称，平整量器，修正溉具，由此开创了"车同轨、书同文"的先河。

从早期的"许子之道"到后来《吕氏春秋》中的农家

思想，农家学派的发展是一脉相承的。农家在政治方面的诉求——重农和对农业生产技术的重视始终没有改变。后来，秦始皇罢黜诸家方术，焚书坑儒，断圣王之道，农家的著作也就此湮灭在历史长河之中。虽然农家的著作没能流传下来，但是其思想的确对中国历史产生了重大影响。《汉书·艺文志》将其列为"九流"之一。因此，农家思想得以延续。例如，后来的君主常常会在春耕时分举行重大的祭典。在仪式上，皇帝会亲自"扶犁"，以此来表示对农业生产的重视，达到"劝课农桑"的目的，这便是农家倡导的"君民并耕"在后世的委婉表达，也是统治者和农家思想相互妥协的结果。农家学派通过强调农业的重要性，使农业生产的观念深入人心。后世的统治者和民众普遍认识到农业是国民经济的基础，是国家富强和人民安居乐业的重要保障。这种观念一直延续至今，成为中华民族传统文化中不可或缺的一部分。

（三）实践启示

农家学派最为核心的观点便是将农业视为社会财富的根本来源，这一观点在现代社会依然具有重要的启示意义。在现代社会，尽管工业化、信息化、城市化快速发展，但农业作为国民经济的基础地位并未改变。农业不仅是食品安全的保障，也是工业原料的重要来源，更是农村经济发展和农民增收的主要途径。因此，我们必须始终坚持农业的基础地位，加强对农业的支持和保护，推动农业现代化进程。

新时代新征程，要推进乡村全面振兴，必须加快实现农业农村现代化。农业农村现代化不仅包括生产技术的现代化，还包括经营方式、组织形式的现代化。通过推进农业农村现代化，可以提高农业生产效率，增加农民收入，改善农村生态环境，促进农村经济、社会全面发展。因此，我们必须加大对农业农村现代化的投入力度，加强农业科技创新和应用，推动农业与二三产业联动发展。

农家学派在强调农业重要性的同时，也注重农业生态保护和可持续发展。在现代社会，随着环境问题的日益突出，农业生态保护和可持续发展已经成为全球的焦点。我们必须坚持绿色发展理念，加强农业生态环境保护和治理工作，推动农业可持续发展。同时，要注重农业资源的节约利用和循环利用，提高农业资源利用效率。

二、主张"贤者与民并耕而食"

许行的农家思想的核心是以农为本，主要观点是"君民并耕"和"市贾不二"。许行的"君民并耕"思想真实反映了当时贫苦农民的利益诉求,反对不劳而获,要求人人自食其力。同时,不同于孟子站在统治阶层的角度,许行直接控诉统治者剥削底层民众的劳动成果,呼吁人人平等,这是一种朴素的社会主义理想。

(一) 理论释义

《孟子·滕文公上》记载:"陈相见孟子,道许行之言曰:'滕君则诚贤君也。虽然,未闻道也。贤者与民并耕而食,饔飧而治。今也滕有仓廪府库,则是厉民而以自养也,恶得贤?'""贤者与民并耕而食"这句话体现了许行等农家学派的主张,即贤能的人应该和百姓共同劳动,共同享受劳动成果。战国时期战争频繁发生,严重破坏了农业生产,导致百姓生活困苦,社会动荡不安。当时的社会存在严重的不公现象,国君和贵族往往不劳而获,通过剥削百姓来维持自己的奢侈生活。许行生活在这样的时代背景下,深刻感受到战争对农业生产的破坏和对百姓生活的摧残,因此他主张通过国君与民并耕来恢复和发展农业生产,以稳定社会秩序,消除社会不公。

这一思想不仅挑战了传统的统治观念,也触及了社会分工、阶级关系以及财富分配等多个层面。"君民并耕"之说意味着国君或统治者不再享有特权，而应与民众一起参与劳动。这直接挑战了当时社会普遍存在的君主专制观念，即君主应高高在上，不事生产，而由民众供养。许行通过并耕论，向世人展示了劳动的价值和尊严，挑战了传统的社会价值观。许行反对脑力劳动与体力劳动的分工，反对统治者对民众的剥削和压迫，认为通过榨取民众的劳动成果来供养自己是不道德的。许行主张通过共同劳动和公平分配来实现社会的共同富裕，这直接挑战了当时社会中普遍存在的剥削制度和财富不均现象。许行主张所有人都应参与劳动，无论其身份高低。这一观点直接挑战了当时社会中普遍存在的等级制度和职业分工，提出了更为平等和理想化的社会模式。"君民并耕"之说还打破了传统的职业界限，认为所有人都有从事农业劳动的权利和义务。在当时以士、农、工、商四民分业的社会背景下，这无疑是一种大胆的挑战和革新。它鼓励人们跨越职业界线，共同参与农业生产，从而实现社会的和谐与繁荣。

总之，这种思想在当时的社会背景下具有一定的进步意义，强调了劳动的重要性和社会公平的理念。然而，这一主张也忽视了社会分工和劳动效率的差异，以及贤人在社会治理中的特殊作用。在与陈相的辩论中，孟子通过反驳许行的观点，阐述了劳心与劳力、治理者与被治理者之间的合理分工和社会结构的重要性。

（二）文化影响

并耕思想打破了传统社会中君主与民众之间的界限，提倡平等劳动、共享成果。这种思想激发了农民的平等意识，使他们意识到自己的社会价值，不再甘心被剥削和压迫。并耕思想反对统治者对农民的剥削和压迫，认为剥削制度是社会不公和农民贫困的根源。这种批判精神为农民起义提供了思想武器，使农民更加坚定地反对封建统治和剥削制度。历史上许多著名的农民起义都受到了并耕思想的影响。例如，太平天国运动中，洪秀全颁布的《天朝田亩制度》就是并耕思想在农民起义中的具体体现。该制度旨在通过平均分配土地来实现社会的公平和正义，反映了农民对平等和幸福的渴望。

并耕思想激发了农民的反抗意识，推动了农民起义的组织建设，提高了起义军的行动力，影响了起义军的策略和口号，并在历史上留下了深刻的印记。一方面，并耕思想强调共同劳动和公平分配，这为农民起义组织提供了原则性指导。农民起义军可以借鉴并耕思想中的平等、互助精神，建立自己的组织结构，制定分配制度，增强内部的凝聚力和战斗力。通过描绘一个理想化的社会图景，并耕思想激发了农民对美好生活的向往和追求。当现实与理想产生巨大反差时，农民起义的动力就会更加强劲。他们希望通过起义来推翻封建统治，实现平等和幸福。另一方面，并耕思想中关于土地分配的观点对农民起义军的策略和口号产生了深远影响。许多农民起义军都将平等分配土地作为自己的奋斗目标之一，通过起义来夺取地主阶级的土地，然后按照公平原则平均分配。并耕思想强调劳动的重要性，认为劳动是创造社会财富的唯一途径。这种观念影响了农民起义军的策略选择，使他们更加注重生产建设和经济发展。在起义过程中，他们往往会采取措施保护农业生产，并且积极参与劳动生产。

（三）实践启示

并耕思想是古代社会农耕文明中的一种重要思想体系，而在现代社会，它不仅没有过时，反而因应时代的需求，焕发出新的光彩，对现代社会依然具有深远的启示意义。

在快速发展的现代社会，人与人之间的竞争日益激烈，社会矛盾和冲突也随之增多。并耕思想中的平等、共享精神提醒我们，应追求社会的和谐与平衡，尊重每个人的劳动和贡献，确保社会成果的公平分配。这有助于减少社会不公现象，增强社会凝聚力，促进社会的和谐稳定。随着科技的进步和自动化的发展，一些传统劳动岗位逐渐消失，新兴职业不断涌现。然而，无论时代如何变迁，劳动始终是人类社会存在和发展的基础。并耕思想强调劳动的价值和尊严，提醒我们要尊重劳动、热爱劳动，通过诚实劳动实现个人价值和社会价值。这种劳动价值观对现代社会依然具有重要的指导意义。

在城市化进程加速的今天，人际关系变得越来越疏远，社区凝聚力也面临着前所未有的挑战。并耕思想中的社区意识和集体精神提醒我们，要加强社区建设，促进邻里之间的互助与合作，形成共同体意识。通过组织社区活动、加强社区管理等方式，可以增进居民之间的了解和信任，增强社区的凝聚力和向心力。在全球化的今天，国际合作与竞争并存。并耕思想中的合作共赢精神为我们提供了处理国际关系的重要思路。面对全球性挑战和问题，各国应秉持合作共赢的原则，加强沟通与协作，共同应对挑战，分享发展机遇。这种合作共赢的精神不仅有助于推动全球治理体系的完善和变革，也有利于维护世界和平与稳定。

三、提出"市贾不二"的价格论

许行的"市贾不二"价格论是农家财富思想体系的重要组成部分,这一理论深刻反映了战国时期贫苦农民对市场经济秩序和公平交易的期望。

(一)理论释义

《孟子·滕文公上》记载,陈相向孟子转述许行的观点:"从许子之道,则市贾不贰,国中无伪。虽使五尺之童适市,莫之或欺。"这里的"市贾不贰"即为"市贾不二",意指市场上商品价格统一,无有二价,不存在欺诈和伪劣。"市贾不二"的核心在于强调同种商品在市场上的价格应当统一。许行认为,只要商品的数量、质量等客观条件相同,其价格就应当相等。这种价格统一的理念有助于维护市场的公平性和透明度,防止商人通过价格差异进行不正当的竞争和欺诈。

在"市贾不二"的价格机制下,商家无法通过价格差异来获取不正当的竞争优势。因此,他们只能通过提高商品质量、优化服务等方式来吸引消费者。这种竞争方式促进了市场上商品质量的提升和服务水平的提高,有利于满足消费者的需求和提高市场的整体效益。"市贾不二"价格论还反映了当时贫苦农民的利益诉求。在古代社会，贫苦农民往往处于弱势地位，容易受到商人的剥削和欺诈。许行提出的"市贾不二"价格论，旨在通过统一市场价格来防止商人做出不法行为，保护贫苦农民的权益。这种思想体现了他对贫苦农民的关怀和照顾，有助于缓解社会矛盾和促进社会稳定。

（二）文化影响

"市贾不二"价格论作为许行提出的重要经济思想，主要强调市场上同种商品的价格应当统一且公平，以防止价格欺诈和垄断发生，保障消费者权益。这一理论虽然直接针对的是古代市场规范，但其隐含的公平交易原对历朝统治者都产生了一定的影响。在汉代，特别是汉武帝时期，为了打击富商大贾投机倒把和囤积居奇，政府实行了均输、平准政策，即通过设立专门的机构和人员（如均输官和平准官），负责调剂运输、平抑物价，以实现市场的供需平衡和价格稳定。均输、平准政策的核心目标之一是防止物价波动过大，确保市场上的商品能够以相对公平的价格交易，这与"市贾不二"所倡导的公平交易和价格统一的原则是一致的。

"市贾不二"价格论促使历朝统治者关注市场价格的合理性和公平性，认识到市场管理对社会稳定和经济发展的重要性。因此，许多朝代都加强了市场管理的力度，制定了相应的经济制度来规范市场行为。在古代，对一些重要的商品，如盐、铁等，政府常常实行专卖制度。政府通过垄断这些商品的生产和销售，来控制市场价格，防止商人哄抬物价或低价倾销。虽然官营专卖制度在一定程度上限制了市场竞争，但它确保了重要商品的价格相对稳定和公平。政府通过统一的定价和销售策略，减少了市场上的价格欺诈等混乱现象，这在一定程度上体现了"市贾不二"的精神。此外，在古代，为了促进商品交换的顺利进行，政府通常会统一度量衡。度量衡的统一有助于消除计量标准不一导致的交易纠纷和价格混乱现象，是确保商品价格公平和统一的重要基础。当商品的计量标准得到统一时，人们才能更加准确地比较不同商品之间的价格差异，从而避免商家通过计量手段进行价格欺诈。因此，度量衡的统一也体现了"市贾不二"的精神。

（三）实践启示

作为古代经济思想的一种体现，"市贾不二"价格论的核心在于倡导公平、统一且合理的市场价格形成机制。在现代市场经济的发展过程中，这一思想仍然具有重要的实践启示。在现代市场经济中，公平原则是维护市场秩序和消费者权益的重要基石。政府应加强对市场价格行为的监管，防止企业通过不正当手段操纵市场价格，确保价格形成过程的透明度和公正性。同时，企业应自觉遵守市场规则，诚实地开展经营活动，不参与价格欺诈、串通涨价等违法违规行为。

"市贾不二"价格论体现了诚信经营的重要性。在现代市场经济中，企业应树立诚信经营的理念，自觉遵守商业道德和法律法规，不从事虚假宣传、价格欺诈等不正当竞争行为。政府应加强对企业经营的监管和评估工作，建立健全企业信用记录和奖惩机制，推动企业诚信经营体系的建立和完善。随着消费者购买力的提升和消费观念的转变，产品质量已成为影响价格的重要因素。企业应注重提升产品质量和附加值，通过技术创新、品牌建设和优化服务等方式，提高产品的市场竞争力。同时，政府应加强对产品质量的监管和认证工作，建立健全产品质量标准和评价体系，为消费者提供安全、可靠的产品。

"市贾不二"价格论主张物品价格统一且公平，强调在交易中诚实守信。这一思想体现了古代经济活动中对公平交易和市场秩序的朴素追求，与现代市场经济中的反垄断原则有着异曲同工之妙。《中华人民共和国反垄断法》作为现代市场经济的重要法律基石，其基本宗旨在于预防和制止垄断行为，保护市场公平竞争，维护消费者利益和社会公共利益，促进社会主义市场经济健康发展。在"市贾不二"价格论的启示下，现代市场经济应进一步强化反垄断执法力度，严厉打击各种形式的垄断行为，确保市场竞争的公平性和有效性。政府应建立健全价格监管机制，加强对市场价格行为的监管和调控，防止价格异常波动和市场混乱现象的发生，维护市场价格的稳定性和合理性。

第七章　诸子百家财富观的时代价值

诸子百家的财富观体现在多个学派的思想中,其中最有影响力的是儒家、道家、法家、墨家、农家的财富观。儒家对财富的态度主要体现在"义利之辨"上,强调以义制利,即财富的获取和使用应当符合道德规范。墨家则提出了"兼爱非攻"的财富观,主张兼爱天下,反对战争和掠夺。道家财富观则强调自然无为、顺应天道。法家强调法治和秩序在财富分配中的作用。农家则主张重视农业生产,通过增加粮食产量来增加社会财富。这些思想共同构成了中国古代丰富多彩的财富观念体系。诸子百家的财富观在当代社会仍然具有重要的传承价值。

一、理论价值

在中国古代思想史上,诸子百家以其独特的视角和深邃的洞察力,对财富的本质、获取、管理、利用及社会影响等方面进行了广泛而深刻的探讨,形成了各具特色的财富观念。这些观念不仅丰富了中国传统文化宝库,更为现代社会的财富观构建提供了宝贵的理论资源。

(一)深化对财富本质的理解

诸子百家对财富观及财富的多重属性有各自独特的理解和阐述。在财富的个人属性方面:儒家肯定个人追求财富的正当性,反对以权谋私、不义而富;道家认为个人应减少欲望,追求内心的平静与富足;墨子认为劳动是人们获取财富的重要手段,个人应积极参与生产活动以创造财富。在财富的社会属性方面:儒家强调财富的社会责任,认为财富应服务于社会整体利益,如孔子的"均富论"和孟子的"制民之产"思想;道家虽然未直接论述财富的社会分配问题,但其"无为而治"的思想隐含了对自然秩序和社会和谐的尊重,间接体现了对财富合理流动和利用的期许;墨子将财富视为社会稳定和百姓生存的基础,主张通过合理的生产和分配制度来保障社会整体的财富安全。

总体说来,儒家强调财富的道德属性和社会属性,道家更注重财富的自然属性和平衡属性,墨家则关注财富的公平属性和公益属性。诸子百家对财富本质的理解各异,但普遍强调财富不仅是物质财富的积累,更蕴含着社会价值与文化意义。诸子百家对财富的多重属性的理解各具特色,这些观点为现代财富观提供了更加全面和深刻的认知框架。

(二)构建多元财富观念体系

诸子百家的财富观构建了一个多元而丰富的财富观念体系。这一体系不仅涵盖了物质财富与精神财富的多个层面,还涉及财富的获取、使用与管理等多个方面。诸子百家对财富的定义并不局限于物质财富。儒家虽然重视物质财富,但更强调精神财富的重要性,如道德、知识、礼仪等。道家主张"知足常乐",认为精神上的满足比物质财富更为重要。墨家则关注社会财富的公平分配,将财富视为实现社会公正的工具。多元化的财富定义,使得财富观念不再局限于金银财宝等物质形态,而是扩展到了精神、社会等多个领域。

诸子百家对如何获取财富也有各自独特的见解。儒家强调"以义取利",认为财富的获取应当遵循道德原则,通过正当的途径获得。道家主张"无为而治",认为财富的获取应当顺应自然规律,不可强求。墨家则提出"兼爱非攻",主张通过兼爱互助的方式实现社会财富的共同增长。多样的财富获取途径,不仅丰富了人们对财富来源的认识,也促进了社会经济的多元化发展。在财富的使用与管理方面,诸子百家的思想同样展现出了丰富的内涵。儒家主张"富而后教",认为在使民众富裕之后应当加强教育,提升社会的文化素养和道德水平。道家强调"用之有度",认为财富的使用应当适可而止,避免奢侈浪费。墨家则关注社会财富的公平分配,主张通过制度设计确保社会成员的基本生活需求得到满足。这些理念不仅为古代中国的财富管理提供了重要的指导原则,也为后世的财富管理实践提供了有益的借鉴。

(三)奠定经济伦理学的基础

诸子百家以其独特的财富观念为后世经济伦理学的形成与发展奠定了坚实的基础。这些学派不仅在哲学、政治、文化等领域产生了深远影响,更在经济伦理领域贡献了宝贵的思想资源。儒家思想以"仁、义、礼、智、信"为核心,强调在追求财富时应以道德原则为先导。孔子提出"富而可求也,虽执鞭之士,吾亦为之。如不可求,从吾所好",表明他并不反对正当的财富追求,但反对违背道德的财富积累。孟子进一步提出"制民之产",强调通过合理的制度安排确保人民的基本生活需求得到满足,同时倡导"舍生取义"的崇高道德境界。法家的法治经济观为经济伦理学提供了制度保障的视角,强调法律在经济活动中的规范作用和对不正当经济行为的惩罚机制。道家提倡通过减少个人欲望、保持内心宁静来实现真正的幸福和满足。这种思想为经济伦理学提供了生态伦理的视角,强调经济活动应尊重自然规律,保护生态环境,实现可持续发展。墨家思想以"兼爱非攻"为核心,主张通过兼爱互助的方式实现社会和谐与财富的共同增长。墨家的兼爱非攻思想为经济伦理学提供了社会公正和公平分配的视角,强调经济活动应关注社会弱势群体的利益,提高社会的整体福祉。

无论是儒家的贵义贱利观、法家的法治经济观、道家的无为而治,还是墨家的兼爱非攻思想,都强调了经济活动中的道德约束和社会责任。诸子百家的财富观不仅各成体系,还相互融合、相互影响,形成了丰富的思想资源。这种多学科融合的特点为经济伦理学的构建提供了多元化的视角和思路。例如,儒家的道德伦理与法家的法治思想相结合,可以形成更加完善的经济治理体系;道家的生态伦理与儒家的社会责任相结合,可以推动可持续发展的实现;墨家的社会公正思想与儒家的公平分配观念相结合可,以促进社会和谐与稳定。诸子百家的财富观还涉及伦理与经济激励的关系问题。在儒家看来,道德约束是经济活动中的重要激励机制之一;而在法家思想中,法律制度是经济激励的重要手段之一。此外,道家和墨家的思想也强调了社会公正和公平分配对经济激励的积极作用。这些思想认为,通过构建合理的道德规范和法律制度，可以激发人们的积极性和创造力，推动经济的发展和社会的进步。因此，在经济伦理学的构建中，应充分考虑伦理与经济激励的相互关系，实现二者的有机统一和相互促进。

二、文化价值

诸子百家的财富观在增强中华民族文化自信方面扮演着重要角色。这些思想不仅是中国传统文化的重要组成部分，更蕴含着深厚的哲学、伦理和治理智慧，为中华民族提供了独特的精神支撑和价值导向。

（一）增强中华民族文化自信

诸子百家的财富观源于中国古代社会，历经数千年而传承至今，展现了中华文化的深厚底蕴和连续性。这些思想代代相传，不仅塑造了中华民族独特的经济伦理观念，还成为连接过去与未来的精神纽带。其传承价值在于让当代人能够深刻理解并自豪于悠久的文化历史渊源，从而增强文化自信。

诸子百家的财富观中蕴含着丰富的社会治理智慧。儒家思想强调仁爱、礼治和德治；道家主张无为而治、顺应自然；法家则强调法治和权威。这些思想在古代社会治理中发挥了重要作用，也为现代社会治理提供了有益的借鉴。通过展示社会治理智慧，可以让世界看到中华民族在治理国家和社会方面的独特能力，从而增强中华民族的文化自信和自豪感。诸子百家的财富观虽然源于古代社会，但其思想内涵和价值观念具有跨越时空的普遍意义。在现代社会中，这些思想仍然具有重要的指导意义和价值引领作用。同时，随着时代的发展和社会的进步，这些思想也在不断创新和发展中焕发出新的生机和活力。这种持续的创新与发展动力为中华民族文化自信提供了坚实的支撑和保障。

（二）弘扬中华文明道德伦理

诸子百家的财富观从不同角度丰富了中华文明的道德伦理体系。儒家的义利观强调了道德价值在经济生活中的重要性；道家的知足常乐思想倡导淡泊名利，追求精神自由；法家的法治经济观念强调了公平正义和社会秩序；墨家的兼爱非攻和尚贤节用思想则体现了节俭、勤劳和爱国的传统美德。这些思想相互交融、相互补充，共同构成了中华文明独特而深邃的道德伦理体系。在当今社会，我们仍然可以从诸子百家的财富观中汲取智慧，弘扬中华文明的道德伦理精神。无论是追求个人财富获取的正当性,还是维护社会经济秩序和公平正义,都需要我们坚守道德底线,遵守法律规范,发扬勤俭节约的传统美德。

儒家的财富观强调"义利并重,以义取利"。孔子认为,财富的获取应当符合道德规范,即"富与贵,是人之所欲也。不以其道得之,不处也"。这一思想体现了儒家对道德价值的尊崇,认为财富应当通过正当途径获得,不可违背道义。孟子则进一步提出"舍生取义"的观点,将道德价值置于生命之上,凸显了儒家道德伦理的崇高性。道家在财富观上主张"无为而治,知足常乐"。老子认为,过多的财富和欲望是社会动荡和个人不幸的根源,因此他提倡"小国寡民""使民有什伯之器而不用"的理想社会状态。这种思想强调了节制欲望、顺应自然的重要性,为中华文明的道德伦理增添了淡泊名利、追求精神自由的价值取向。法家的财富观注重法治经济的建设,强调通过严刑峻法来维护社会经济秩序。商鞅、韩非等法家代表人物认为,财富的分配和使用应当受到法律的严格约束,以防止贫富差距过大和社会不公现象的出现。这种思想为中华文明的道德伦理增添了法治精神,强调了公平正义在社会经济生活中的重要性。墨家的财富观主张"兼爱非攻,尚贤节用"。墨子认为,财富应当用于满足人们的基本生活需求和社会公益事业,而不是用于个人奢侈享受或战争扩张。他提倡"节用"的思想，即在经济活动中注重节约和效率，反对浪费和挥霍。这种思想为中华文明的道德伦理增添了节俭、勤劳、爱国的价值取向。

（三）促进中华文明交流互鉴

在春秋战国时期，诸子百家纷纷著书立说，形成了百家争鸣的学术盛况。这种思想交流与融合不仅推动了各学派的发展，也促进了中华文明的整体进步。在财富观方面，不同学派之间的交流与碰撞，使各种思想得以相互借鉴和融合，形成了更加全面和深刻的财富伦理观念。交流与融合的过程，本身就是中华文明交流互鉴的重要体现。

诸子百家的财富观在国际文化交流与合作中发挥着重要作用，其深邃的思想和价值观对现代国际文化交流与合作产生了深远影响。同时，这些思想也可以为其他国家和地区提供有益的借鉴和启示，推动全球经济的可持续发展和人类文明的共同进步。在国际文化交流活动中，尊重和包容不同文化的差异是至关重要的。儒家思想强调"和而不同"，即在不同中寻求和谐，这种思想为国际文化交流提供了重要的指导原则。例如，在中日文化交流活动中，双方通过展示各自的传统文化艺术（如中国的书法、绘画与日本的茶道、和服等），在平等的基础上进行交流，避免了文化冲突和误解，增进了理解和友谊。这种交流正是基于尊重和包容文化差异的理念，与儒家"和而不同"的思想相契合。儒家的财富伦理思想强调财富与道德的统一，认为追求财富的同时应承担相应的社会责任。在国际文化交流与合作中，这种思想激励着各国和企业积极履行社会责任，推动文化交流项目的可持续发展。例如，一些跨国企业在海外开展文化交流活动时，不仅注重经济效益，还积极参与当地的公益事业和社区建设，为当地人民带来实实在在的利益。这种行为不仅提升了企业的国际形象，也促进了文化交流活动的深入发展。

三、实践价值

诸子百家的财富观在当代社会仍然具有深远的实践价值，这些古代智慧不仅为个人的道德伦理提供了指导，也为社会经济的发展和治理带来了宝贵的启示。它们提醒人们，在追求财富的同时，要关注道德、公平和可持续发展等问题，以实现个人和社会的共同进步与繁荣。

（一）提供个人道德伦理指引

个人道德伦理在当代社会经济中具有不可估量的重要

性。它不仅关系到商业环境的稳定与诚信、劳动力市场的公平与效率、金融市场的健康发展，以及环境保护与可持续发展，还直接关系到社会的和谐与稳定，以及人民的幸福感和满意度。诸子百家的财富观在市场经济中为个人道德伦理提供了宝贵的指引，这些思想跨越时空，对现代人的财富追求和道德行为产生着深远影响。

儒家强调"以义制利"，即财富的获取应当符合道德规范，不应违背正义和良知。这一思想要求个人在追求经济利益时，始终坚守道德底线，不为一己私利而损害他人或社会利益。在市场经济中，个人应当时刻反思自己的商业行为是否符合道德规范，是否尊重了他人的权益，是否促进了社会的和谐与进步。这种反思有助于培养个人的道德自觉性和社会责任感。

墨家强调"兼爱非攻"，主张人与人之间应相互尊重、相互帮助，这种思想体现在商业活动中，就是要求商家诚实守信，不欺诈，不虚假宣传。在市场经济中，诚实守信是个人和企业的立足之本。个人应当时刻保持诚信意识，在交易中遵守承诺、履行义务，树立良好的商业信誉。这种信誉不仅有助于个人和企业的发展壮大，也有助于维护市场秩序和公平竞争。

道家主张"少私寡欲"，强调个人应克制过度的物质欲望，追求内心的平静与自由。这一思想体现在财富观上即为倡导勤俭节约，反对奢侈浪费。在市场经济中，个人应当时刻保持清醒的头脑，理性消费，避免盲目攀比和浪费。同时，也应注重个人财富的积累和保值增值，通过合理的投资和理财规划来实现财富的稳健增长。

法家注重法治和秩序，但同时也鼓励创新和变革。这种思想体现在财富观上即为鼓励个人和企业积极寻求新的发展机遇和商业模式。在市场经济中，个人应当具备创新意识和创业精神，敢于尝试新事物、挑战新领域。同时，也应注重学习，以及提升自己的专业技能和综合素质，以适应市场的变化和需求。

（二）促进经济的可持续发展

诸子百家的财富观在新时代新征程中仍然具有重要的指导意义。通过借鉴和融合这些思想精华，我们可以更好地应对经济发展中的挑战和问题，推动经济的高质量发展和可持续发展。

儒家的财富观强调"以义取利"，即财富的获取应基于道德和伦理的考量。在新时代，这一思想对构建诚信经济至关重要。随着市场经济的发展，诚信成为经济活动的重要基石。儒家思想倡导企业在追求利润的同时，注重社会责任和道德标准，避免做出短视行为，维护市场公平竞争。通过构建诚信经济，可以促进资源的合理配置，降低交易成本，提高经济效率，从而推动经济的可持续发展。

道家的财富观主张"知足常乐"，强调内心的平静与自由比物质财富更重要。这一思想对新时代倡导绿色消费、推动经济可持续发展具有积极意义。在物资充裕的现代社会，过度消费和浪费现象日益严重，给环境带来了巨大压力。道家思想提醒人们应适度消费，关注精神层面的满足，减少浪费。通过倡导绿色消费，可以促进资源的节约和循环利用，减轻环境压力，实现经济的绿色发展。

墨家的财富观以"兼爱非攻"为核心，强调人与人之间的和谐与互助。这一思想对于推动共享经济、实现经济的包容性增长具有启示作用。共享经济通过平台化、网络化的方式，将闲置资源进行有效整合和再分配，提高了资源利用效率，降低了生产成本和消费成本。墨家的兼爱思想鼓励人们相互帮助、共同分享，与共享经济的理念相契合。通过推动共享经济的发展，可以促进社会资源的优化配置，减少浪费和污染，实现经济的可持续发展。

法家的财富观强调法治的重要性，认为严格的法律制度是维护经济秩序和社会稳定的关键。在新时代，随着经济的快速发展和全球化的深入推进，经济领域的问题日益复杂多样。法家思想提醒我们，应不断完善经济法律体系，加强经济监管和执法力度，打击经济犯罪和腐败行为，维护公平竞争的市场环境。通过以法治财，可以保障经济活动的有序进行，提高经济运行效率，为经济的可持续发展提供有力保障。

（三）推动社会治理理念创新

诸子百家的财富观不仅对个人道德伦理具有深远影响，还为社会治理理念的创新提供了重要启示。古代思想流派的智慧，能够与现代社会的治理需求相结合，推动社会治理理念的创新与发展。

儒家的财富观强调"以义取利"，这一思想在社会治理中可以转化为强调公共利益和社会责任的价值观。社会治理应当以道德伦理为基石，强化社会成员的道德意识和社会责任感。通过弘扬儒家思想中的诚信、仁爱、忠诚等美德，引导社会成员在追求个人利益的同时，关注社会整体利益，积极参与社会治理，共同维护社会稳定与和谐。这种以道德为基础的社会治理理念，有助于构建更加公正、公平、有序的社会环境。

道家的财富观主张"知足常乐"，强调内心的平静与自由比物质财富更重要。这一思想在社会治理中可以转化为简约治理和绿色发展的理念。简约治理要求政府减少不必要的行政干预和资源浪费,提高治理效率和效能;绿色发展则强调在经济发展过程中注重环境保护和生态平衡。通过借鉴道家思想中的简约和绿色理念,可以推动社会治理方式的创新,实现经济效益、社会效益和生态效益的协调统一。

墨家的财富观以"兼爱非攻"为核心,强调人与人之间的和谐与互助。这一思想在社会治理中可以转化为推动社会治理的包容性与共享性的理念。包容性治理要求尊重多元文化和价值观,促进社会成员之间的相互理解和包容;共享性治理则强调社会资源的公平分配和共享。通过借鉴墨家思想中的共享理念,可以推动社会治理向更加包容的方向发展,促进社会公平正义和共同富裕的实现。

法家的财富观强调法治的重要性,认为严格的法律制度是维护经济秩序和社会稳定的关键。在社会治理中,法家思想可以转化为强化社会治理的法治基础的理念。通过完善法律法规体系,加强执法力度和司法公正性,可以确保社会治理活动的合法性和规范性。同时,还可以借鉴法家思想中的法治原则和方法论,推动社会治理的法治化进程,提高社会治理的权威性和公信力。

参考文献

一、经典著作

[1]马克思恩格斯选集（第1—4卷）[M].北京:人民出版社，2012.

[2]马克思恩格斯文集（第1—10卷）[M].北京:人民出版社，2009.

[3]马克思.哥达纲领批判[M].北京:人民出版社，1997.

[4]马克思.马克思古代社会史笔记[M].北京:人民出版社，1996.

[5]马克思，恩格斯.德意志意识形态（节选本）[M].北京:人民出版社，2003.

[6]马克思，恩格斯.共产党宣言[M].北京:人民出版社，1997.

[7]马克思，恩格斯.论重商主义以前的经济思想[M].北京:文物出版社，1990.

[8]马克思.资本论(第1—3卷)[M].北京:人民出版社,2004.

[9]马克思.1844年经济学哲学手稿[M].北京:人民出版社,2000.

[10]马克思恩格斯论宗教[M].北京:人民出版社,1954.

[11]恩格斯.反杜林论[M].北京:人民出版社,1999.

[12]恩格斯.家庭、私有制和国家的起源[M].北京:人民出版社,1999.

[13]恩格斯.自然辩证法[M].北京:人民出版社,1971.

[14]列宁选集(第1—4卷)[M].北京:人民出版社,2012.

[15]毛泽东选集(第1—4卷)[M].北京:人民出版社,1991.

[16]毛泽东文集(第1—8卷)[M].北京:人民出版社,1999.

[17]邓小平文选(第1—2卷)[M].北京:人民出版社,1994.

[18]邓小平文选(第3卷)[M].北京:人民出版社,1993.

[19]江泽民文选(第1—3卷)[M].北京:人民出版社,2006.

[20]胡锦涛文选(第1—3卷)[M].北京:人民出版社,2016.

[21]习近平著作选读（第1—2卷）[M].北京:人民出版社，2023.

二、一般著作

[1]顾海良.马克思经济思想的当代视界[M].北京:经济科学出版社，2005.

[2]郭强.新发展方式研究[M].北京:中国时代经济出版社，2010.

[3]侯衍社.马克思的社会发展理论及其当代价值[M].北京:中国社会科学出版社，2004.

[4]黄云明.马克思劳动伦理思想的哲学研究[M].北京:人民出版社，2015.

[5]廖小明.生态正义：基于马克思恩格斯生态思想的研究[M].北京:人民出版社，2016.

[6]李竞能，纪明山和鲁明学.马克思、恩格斯、列宁论英国古典政治经济学[M].北京:商务印书馆，1981.

[7]李宗发.财富创造论：国民财富产生原理研究[M].北京:经济管理出版社，2006.

[8]刘新刚.马克思现代社会发展理论的价值维度[M].北京:中央编译出版社，2010.

[9]刘荣军.财富、人与历史——马克思财富理论的哲学

意蕴与现实意义[M].北京:人民出版社，2009.

[10]刘永军.中国居民收入分配差距研究[M].北京:经济科学出版社，2009.

[11]娄伶俐.主观幸福感的经济学理论与实证研究[M].上海:上海人民出版社，2010.

[12]罗燕明.马克思恩格斯思想研究[M].北京:中央编译出版社，2002.

[13]谭虎娃.马克思设想的社会主义经济特征与当代改革[M].北京:人民出版社，2009.

[14]滕泰.新财富论[M].上海:上海财经大学出版社，2006.

[15]王锐生，黎德化.读懂马克思[M].北京:四川人民出版社，2001.

[16]魏焕信,刘相,等.树立新的科学的劳动与财富观[M].山东:山东人民出版社，2005.

[17]魏小萍.词汇选择与哲学思考:财富的来源、性质与功能[M].北京:哲学研究，2008.

[18]薛冬雪.马克思的财富思想以及伦理意蕴[M].沈阳:东北大学出版社，2016.

[19]吴杰.财富论（第1卷）[M].北京:北京大学出版社，2012.

[20]肖灼基.马克思恩格斯经济学论著概说[M].北京:经济

科学出版社，1987.

[21]于连坤.当代中国特色社会主义经济学思想研究[M].北京:人民出版社，2012.

[22]熊彼特.资本主义、社会主义与民主[M].吴良健，译.北京:商务印书馆，2016.

[23]张雄，鲁品越.中国经济哲学评论[M].北京:社会科学文献出版社，2005.

[24]张雄.市场经济中的非理性世界[M].上海:立信出版社，1995.

三、期刊论文

[1]于舟，万立明.人与自然和谐共生的中国式现代化——基于马克思物质变换思想的分析[J].经济问题，2023，(11):1-7.

[2]任保平，王子月.基于政治经济学视角的数字经济价值创造与分配[J].学术研究，2023，(08):76-83.

[3]吕绘生.马克思财富观视域中的共同富裕及其新时代启示[J].理论月刊，2023，(08):64-72.

[4]李玉.创业不为发财:试论张謇的财富观[J].暨南学报(哲学社会科学版)，2022，44(10):109-119.

[5]王结发.绿色共富论[J].青海社会科学，2022，

(05):107-114.

[6]申霞艳，刘志珍.改革开放与财富观的代际流变——论鲁敏新作《金色河流》[J].文艺争鸣，2022，(10):155-160.

[7]洪炜杰，罗必良.推崇还是诋毁：财富认同的城乡差异[J].南方经济，2022，(05):1-13.

[8]张彦，魏颖.迈向共同富裕时代的价值观挑战[J].思想理论教育，2022，(03):17-22.

[9]杨芳."真实财富"与"普遍富裕"：亚当·斯密的财富观[J].经济社会史评论，2021，(04):38-57+126.

[10]马涛，王嘉.中西方传统财富观的特点及对近代发展分流的影响[J].中国经济史研究，2021，(06):134-147.

[11]张鑫.生态财富化：实践生成、现实挑战与建构路径[J].青海社会科学，2021，(05):28-34.

[12]陈新.马克思主义财富观下的共同富裕：现实图景及实践路径——兼论对福利政治的超越[J].浙江社会科学，2021，(08):4-10+156.

[13]洪银兴.可持续发展的经济学问题[J].求是学刊，2021，48(03):19-33.

[14]黄羽新，韦国友.新时代财富观的理论阐释及教育思考[J].社会科学家，2021，(01):150-153.

[15]张艳玲.偏离与重塑：当代中国财富观构建路向的

思考——基于马克思财富观的视角[J].河北经贸大学学报，2021，42(01):26-33.

[16]王杨.论健康财富观与当代青少年核心素养培养[J].中国教育学刊，2020，(S1):14-15.

[17]桑朝阳.马克思财富观：历史超越和当代价值[J].福建论坛(人文社会科学版)，2020，(07):5-14.

[18]张国顺.财富观变革中的幸福张力[J].学校党建与思想教育，2019，(24):24-26.

[19]戴维才.大学生正确消费观引导论析——以"高校贷"校园市场火爆现象为例[J].河北师范大学学报(教育科学版)，2017，19(05):105-111.

[20]龚亮.我们需要什么样的财富观[J].人民论坛，2017，(16):116-117.

[21]李仙娥，闫超.习近平的绿色财富观及其理论创新探析[J].生态经济，2017，33(03):179-183.

[22]王增武.《红楼梦》中的两极财富观[J].银行家，2017，(01):126-128.

[23]范宝舟.财富观建构：实践视域与价值指向[J].思想理论教育，2016，(10):30-37.

[24]褚建芳.芒市傣族村寨的业力论信仰、道德财富观与社会秩序[J].广西民族大学学报(哲学社会科学版)，2016，

38(02):73-79.

[25]张士引."人本财富观":跨越财富幻象的陷阱——兼论"财富幻象"的政治经济学批判[J].求实,2016,(03):34-41.

[26]速继明.相对时空视域下的财富逻辑与大学生健康财富观的培育[J].黑龙江高教研究,2016,(03):102-105.

[27]任保平,段雨晨.新常态下提高经济增长质量的新国家财富观构建[J].经济问题,2016,(02):1-6.

[28]孙国锋.财富范畴与经济发展阶段的关联性分析[J].理论与现代化,2016,(01):113-119.

[29]刘珉,郎晓娟.森林财富观[J].林业经济,2015,37(06):98-101+128.

[30]李英.马克思"财富尺度论"的高等教育意蕴[J].大学教育科学,2015,(03):101-105.

[31]黎祖交.绿色财富与有机农业发展[J].绿色中国,2014,(22):38-45.

[32]涂可国.儒家财富观新释[J].烟台大学学报(哲学社会科学版),2014,27(05):1-12.

[33]易小明.财富差异略论[J].社会科学,2014,(06):129-135.

[34]王英飞.邓小平的新财富观及其现实启示[J].求实,

2014，(S1):7-10.

[35]刘永春，郑亚男.科学发展与社会主义财富精神构建[J].人民论坛，2014，(14):48-50.

[36]唐海燕.财富观从"物本"向"人本"嬗变的伦理审视[J].道德与文明，2014，(03):125-131.

[37]张仲娟.佛光山现代人间佛教财富观探析[J].世界宗教文化，2014，(02):64-67.

[38]王以欣，张大丽.古希腊的财神与财富观念[J].上海师范大学学报(哲学社会科学版)，2014，43(02):122-131.

[39]马拥军，毛小扬.财富与需要的内生关系：对当前中国社会主要矛盾状况的经济哲学探究[J].上海财经大学学报，2014，16(01):23-30.

[40]詹逸思，孔令昭，高永.当代大学生财富观研究——基于全国19所高校的调查[J].中国青年政治学院学报，2014，33(01):78-83.

[41]周小亮，罗莹."民生财富系统"论：一种新的发展观[J].学术月刊，2013，45(11):97-106.

[42]康瑞华，徐琦，李嘉伟.自然生态环境是全人类的共同财富——福斯特对资本主义财富观与进步观的批判及启示[J].当代世界与社会主义，2013，(05):173-175.

[43]陆爱勇.黑格尔的财富伦理观述论——兼论社会转型

期国民财富观的重构问题[J].学习与实践，2013，(09):120-125.

[44]毛新.科学财富观的构建及其在当代中国的实践意义[J].社会主义研究，2013，(04):50-54+169.

[45]黄娟.荀子财富观探微[J].人民论坛，2013，(20):206-207.

[46]王文臣.论马克思财富观的理论渊源及其当代意义[J].江苏社会科学，2013，(03):103-108.

[47]乔海曙，阳旸.我国中部地区"两型化"社会主义新农村建设发展水平研究——基于"三大财富观"视角[J].农业现代化研究，2013，34(03):263-268.

[48]曾狄.马克思主义财富观教育与健康的社会心态培育研究[J].学校党建与思想教育，2013，(09):7-10.

[49]邵龙宝，陈东利.中西财富观与慈善伦理[J].陕西师范大学学报(哲学社会科学版)，2013，42(02):64-71.

[50]叶红云.马克思主义人学视域中的财富观[J].中国高校社会科学，2013，(2X):17-21.

[51]赵茂林.财富观的演进及对构建科学财富观的启示[J].经济纵横，2013，(02):22-28.

[52]王文臣，刘芳.论马克思对现代形而上学财富观的批判及其当代意义[J].马克思主义与现实，2013，(01):55-61.

[53]郭祖炎.试论中国现代慈善基本理念[J].伦理学研究,2013,(01):123-127.

[54]王保忠,何炼成,李忠民.新的学术增长点:人口、资源与环境经济学——基于财富观演化视角的分析[J].现代经济探讨,2012,(10):84-88.

[55]杨娟.马克思财富观探微——《资本论》及其手稿中马克思对财富的追问[J].武汉理工大学学报(社会科学版),2012,25(04):497-502.

[56]蒋洪昉.马克思能力财富观与首都科学发展[J].新视野,2012,(04):86-88.

[57]屈炳祥.《资本论》与马克思的科学财富观[J].当代经济研究,2012,(06):7-14+93.

[58]宋业春.人的全面发展:马克思主义财富观的主体维度[J].求实,2012,(06):9-13.

[59]赖坚立,沈斐.中国改革中的财富概念[J].国外理论动态,2012,(05):75-84.

[60]陈飞.马克思的财富思想及其现实意义[J].延边大学学报(社会科学版),2012,45(02):12-18.

[61]陈飞.马克思财富思想的现实意义[J].中国社会科学院大学学报,2012,(02):103.

[62]邱卫东.改革开放以来执政党财富观的演进历程探析

[J].华东理工大学学报(社会科学版)，2012，27(02):70-79.

[63]朱成全，汪毅霖.财富与自由：原理及其启示[J].财经问题研究，2012，(03):3-10.

[64]毛丰付.文化价值观与浙商财富积累[J].商业经济与管理，2012，(02):22-28.

[65]速继明.互联网背景下的财富革命[J].学术月刊，2011，43(12):15-21.

[66]刘金豪.财富皆有道——简论道教的财富观[J].中国道教，2011，(04):57-59.

[67]颜节礼，朱和平.荣氏企业的财富观对当代企业伦理的启示[J].企业经济，2011，30(06):39-42.

[68]王效.从自然生命时间到社会生命时间——论财富的本质内容及其表现形式[J].内蒙古社会科学(汉文版)，2011，32(03):101-105.

[69]朱达秋.从俄语谚语俗语看俄罗斯人的传统财富观——俄罗斯传统价值观的文化解说[J].外国语文，2011，27(02):95-98.

[70]许鸣，林海兰.传统道德思想中的财富观及其当代意义[J].学术交流，2011，(04):29-32.

[71]王燕梅.转变发展方式目标下的财富政策——三大财富综合求解的视角[J].中国工业经济，2011，(03):26-35.

[72]贺善侃.精神财富：财富哲学的一个重要视角[J].上海财经大学学报，2011，13(01):10-17.

[73]陈忠.现代性的财富幻象及其发展伦理制约[J].学术研究，2011，(02):1-9+159.

[74]赵峰.论马克思财富观与人的自由全面发展[J].理论学刊，2011，(02):15-18.

[75]余源培.构建以人为本的财富观[J].哲学研究，2011，(01):18-25.

[76]董必荣.财富：社会存在本体论追问——全国财富哲学高级研讨会述评[J].哲学研究，2011，(01):115-124.

[77]陈先达.树立社会主义新财富观[J].求是，2011，(02):64.

[78]黎祖交.让绿色财富成为全社会的共同追求[J].绿色中国，2011，(01):40-43.

[79]陈先达.历史唯物主义视野中的财富观[J].哲学研究，2010，(10):24-31.

[80]李继武.财富演进形态的实践定位[J].上海财经大学学报，2010，12(05):10-17.

[81]冒大卫.马克思财富观念的多维透视与当代价值[J].四川师范大学学报(社会科学版)，2010，37(05):23-28.

[82]何关银.试论现代财富的资本式样及其哲学逻辑[J].西

南大学学报(社会科学版)，2010，36(05):99-103.

[83]龚静.反映唐代义商与唐人财富观的三方墓志[J].考古与文物，2010，(02):96-101.

[84]莫凡.解开利益格局的戈耳迪之结——以马克思主义财富观推动和谐社会核心价值认同[J].理论月刊，2010，(04):43-45.

[85]任保平.西方经济学财富观的历史演变：一个文献述评[J].经济学家，2010，(01):12-19.

[86]王纯，耿国彪.绿色财富：让世界更美好——黎祖交教授答《绿色中国》杂志记者问[J].绿色中国，2010，(02):48-55.

[87]林绍华.财富观对投资决策的影响[J].经济导刊，2009，(12):58-59.

[88]周桂钿.儒家的财富观[J].四川师范大学学报(社会科学版)，2009，36(05):59-66.

[89]蓝瑛波.俄罗斯青年的财富观与劳动态度[J].中国青年研究，2009，(09):111-113.

[90]崔正龙.佛教的财富观及其现实意义[J].中国宗教，2009，(07):56-58.

[91]刘荣军.马克思三大社会历史形态理论中的社会财富观[J].哲学研究，2009，(07):23-27.

[92]方丽萍.从贞元士人财富观的变化看唐宋变革[J].暨南学报(哲学社会科学版),2009,31(04):121-125+155-156.

[93]褚俊英.中西古代财富观的比较与启示[J].思想战线,2009,35(03):123-124.

[94]赵骏.青少年财富观教育存在的问题与思考[J].中国教育学刊,2009,(05):61-63.

[95]赵有权.高中政治课中的财富观教育[J].教学与管理,2009,(13):54-56.

[96]龚昕.当代中国现代化进程中财富观的变迁及其影响[J].前沿,2009,(02):20-24.

[97]万劲波,叶文虎.论财富观与人类文明的协同演进[J].环境保护,2008,(24):70-73.

[98]王善平.财富的公共品质:社会和谐的内在根基——盖茨与巴菲特捐赠案的政治伦理意义[J].湖南师范大学社会科学学报,2008,37(06):95-98.

[99]莫凡.人之困境的财富解法——论马克思财富理论的人学价值[J].前沿,2008,(09):30-32.

[100]赵正全.论确立生态价值观与生态财富观[J].岭南学刊,2008,(04):88-91.

[101]刘荣军."以人为本"的财富发展观与我国社会主义发展的基本要求[J].马克思主义研究,2008,(06):85-91.

[102]莫凡.马克思财富观研究综述[J].理论视野,2008,(06):39-41.

[103]孙竹.巴菲特与索罗斯财富策略评析[J].经济经纬,2008,(03):9-12.

[104]李慧凤.论金融工具的准财富性质[J].商业时代,2007,(27):68+56.

[105]李鸣.绿色财富观:生态文明时代人类的理性选择[J].生态经济,2007,(08):152-154+157.

[106]张鸿.对传统财富观的解构与反思[J].商业时代,2007,(20):10-11.

[107]邓小伟,杜辉,张建成.邓小平致富理论及对构建社会主义和谐社会财富观的启示[J].求实,2007,(05):12-14.

[108]赵骏.论当代大学生的健康财富观[J].黑龙江高教研究,2007,(05):76-78.

[109]李玲.和谐社会经济发展与佛教的财富观[J].世界宗教文化,2006,(04):35-37.

[110]赵骏.大学生健康财富观的培育[J].中国青年研究,2006,(12):36-38.

[111]吴宗敏,吴佳佳.知识经济时代信息财富观的基本特征与发展趋势[J].兰台世界,2006,(16):22-23.

[112]李冬梅.论文化产业的财富观[J].东岳论丛,2006,

(03):78-80.

[113]张治理.新财富观与知识资产[J].经济管理，2006，(11):33-35.

[114]钱广荣.财富观的变化与民族精神重建问题的思考[J].当代世界与社会主义，2006，(01):118-121.

[115]魏悦.孔子和柏拉图财富思想之比较研究[J].孔子研究，2006，(01):112-123.

[116]林德发.从荷兰病看当今世界财富观的转变[J].生产力研究，2006，(01):137-138.

[117]过文俊.汇聚振兴中华的民间力量——兼论社会主义市场经济的财富观[J].中南财经政法大学学报，2005，(05):34-40.

[118]刘志光，葛元杰，姜波.正确认识小康社会的财富观[J].理论前沿，2005，(20):23-24.

[119]张坤.《太平经》的三种"财富观"管窥[J].学术论坛，2005，(03):116-118.

[120]魏悦.孔子和柏拉图财富思想之比较研究[J].学术交流，2005，(03):73-78.

[121]杨圣明，高文书.财富、价值、资本——关于资本及其二重性问题[J].中国社会科学院大学学报，2004，(04):25-32+141.

[122]张兴国，张兴祥.关于西方财富观念的历时考察[J].东南学术，2004，(02):101-108.

[123]熊启泉.财富观的演进与对外贸易政策的变迁[J].中国流通经济，2004，(03):20-24.

[124]方高峰，张晓连.孟子与柏拉图财富观比较初探[J].管子学刊，2004，(01):43-45.

[125]赵骏.论青少年健康财富观的培育[J].当代青年研究，2003，(05):27-31.

[126]陈建国.信息的新财富观与组织学习的信息能循环机理[J].湖南师范大学社会科学学报，2003，(04):67-70.

[127]袁晓江.劳动财富观：理论与实践的创新[J].特区理论与实践，2003，(08):40-44.

[128]袁晓江.论劳动财富观[J].经济社会体制比较，2003，(04):122-127.

[129]刘骏民.财富本质属性与虚拟经济[J].南开经济研究，2002，(05):17-21.

[130]潘允康.拥有闲暇：城市居民新的社会财富观——家庭生活中不可忽视的一部分[J].江苏社会科学，2002，(05):86-91.

[131]殷光胜.试论可持续发展财富观[J].云南社会科学，2001，(S1):120-121.

[132]释济群，王芃，褚汉雨，等.宗教的财富观[J].中国宗教，2001，(05):24-29.

[133]林中泽.基督教的安贫乐道与早期耶稣会的财富观[J].华南师范大学学报(社会科学版)，2000，(02):65-71.

[134]王海亭.论劳动的评价目的和社会主义的财富观[J].四川大学学报(哲学社会科学版)，1998，(03):31-40.

[135]徐映梅.人类社会财富观与国民经济核算[J].统计与决策，1998，(09):11-12.

[136]文津.先秦时期的土地财富观[J].中国土地，1997，(08):44.

四、学位论文

[1]李梦欣.财富驱动中国经济高质量发展研究[D].西北大学，2022.

[2]吴桦.中国特色社会主义财富观研究[D].大连理工大学，2022.

[3]邢梓琳.深度贫困地区人的现代化研究[D].中共中央党校，2020.

[4]赵磊.马克思的财富观研究[D].辽宁大学，2020.

[5]张艳玲.当代中国财富观构建研究[D].华东师范大学，2019.

[6]闫禹.马克思财富观及其当代价值研究[D].哈尔滨师范大学,2017.

[7]於素兰.中国特色社会主义财富观研究[D].东北师范大学,2017.

[8]张志兵.中国特色社会主义财富伦理建设研究[D].湖南科技大学,2017.

[9]熊英.个体财富观念的表达研究——基于自媒体财经评论的考察与分析[D].武汉大学,2017.

[10]崔祥龙.起源、演变及实现:虚拟经济研究[D].西南财经大学,2014.

[11]李莹.财富资本化对我国经济发展的影响研究[D].吉林大学,2011.

[12]付洪利.中国财富结构转换研究[D].东北师范大学,2009.

五、外文文献

[1]KELLNER D. "Western Marxism" in modern social theory: an introduction.

[2]AUSTIN M J. Social justice and social work: rediscovering a core value of the profession, Boulder and London: Lynne Roenner Publishers, 2001.

[3]KANG D C. China rising: peace, power, and order in East Asia, Columbia Elliott, Minneapolis: University of Minnesota Press, 2000.

[4]YUAN G. Build up the system of socialist core values[J]. Social Sciences in China, 2008, 3.

[5]ANHEIER H. Introducing global civil society, Global Civil Society 2001, New York: Oxford University Press.

后　记

在思想政治教育中，探讨财富观与思想政治教育的融合，是一个极其重要的课题。2022年10月16日，习近平总书记在党的二十大报告中指出，一系列长期积累及新出现的突出矛盾和问题亟待解决，拜金主义、享乐主义、极端个人主义和历史虚无主义等思潮不时出现，网络舆论乱象丛生，严重影响人们的思想和社会舆论环境。这是中国共产党第一次将"拜金主义"写入党代会报告。当时在读博士二年级的我，正为寻找一个有价值并且可研究的博士论文选题一筹莫展。认真学习了党的二十大精神后，我将"领导干部财富观的培育研究"作为研究主题，进行了文献资料的搜集与整理。在探讨领导干部财富观培育的过程中，我深刻认识到研究其理论魂脉与理论根脉的重要性。在这个背景下，我开启了对中华传统财富观的研究，并且聚焦于先秦时期，尤其是春秋战国时期，诸子百家财富观研究。

把目光锁定在春秋战国时期研究领导干部财富观培育，

不仅是因为这一时期具有深厚的历史背景和变革意义，还因为当时的财富观与社会治理紧密相连，为后世提供了宝贵的思想资源和历史借鉴。

一方面，春秋战国时期，儒家、墨家、道家、法家、农家等学派在财富观上的不同主张，深刻影响了当时各国统治者的决策和实践。例如，春秋战国时期，商业贸易得以发展，一些商人通过贸易积累了财富。然而，市场秩序混乱、欺诈等问题也时有发生。受墨家"兼爱非攻"和儒家"诚信"思想的影响，统治者会加强市场监管，打击欺诈行为，维护市场秩序和公平竞争的环境。比如，当时战争频繁，自然灾害频发，许多百姓陷入了生活困境。受儒家"仁爱"思想的影响，一些统治者设立了社会保障机构，如仓廪、义仓等，以储备粮食，救济灾民和贫困人口。

另一方面，通过研究春秋战国时期诸子百家的财富观，我们可以更好地理解当时社会的经济、政治和文化，为今天的经济发展和社会治理提供历史借鉴。例如，我们可以借鉴儒家思想中的"以义取利"原则，强调经济发展的道德底线；也可以借鉴墨家的节俭思想，提倡可持续发展和环境保护。在社会治理过程中，各国应该始终关注民生问题，注重百姓的财富积累和生活水平。通过制定合理的税收政策、加强社会保障等措施，让百姓手中留有一定的财富，以促进社会的稳定和发展。在追求经济利益的同时，应该注重道德教化，也应该加强法制建设。

  在完成这部学术专著的撰写之际，我深感荣幸与感慨。这不仅是我个人学术生涯的一座重要里程碑，还是对我多年研究与思考的一次全面总结。本书是我学术生涯的第一部学术专著，它凝聚了我的心血与智慧，也承载了我对学术研究的热爱与追求。能够将自己的研究成果呈现给读者，我深感荣幸，并期待在未来的研究中不断取得新的突破和进步。同时，我也衷心感谢所有支持、帮助和鼓励我的人，是你们的支持和陪伴让我能够坚定地走在学术研究的道路上。

刘涛

2024年10月 北京

图书在版编目（CIP）数据

春秋战国诸子百家财富观研究 / 刘涛著 . -- 贵阳：贵州人民出版社, 2025. 4. -- ISBN 978-7-221-19046-8

Ⅰ . B22

中国国家版本馆 CIP 数据核字第 2025LE6599 号

春秋战国诸子百家财富观研究

刘涛 著

出 版 人：	朱文迅
责任编辑：	刘向辉
装帧设计：	李倩倩
责任印制：	蔡继磊
出版发行：	贵州出版集团 贵州人民出版社
地 址：	贵阳市观山湖区中天会展城会展东路 SOHO 公寓 A 座
印 刷：	三河市兴博印务有限公司
版 次：	2025 年 4 月第 1 版
印 次：	2025 年 4 月第 1 次印刷
开 本：	787 毫米 ×1092 毫米 1/32
印 张：	5
书 号：	ISBN 978-7-221-19046-8
定 价：	49.80 元

如发现图书印装质量问题，请与印刷厂联系调换；版权所有，翻版必究；未经许可，不得转载